CONSIDERATIONS

GÉNÉRALES

SUR L'EUROPE,

ET SUR LA FRANCE

EN PARTICULIER.

LYON, IMPRIMERIE DE RUSAND.

CONSIDÉRATIONS
GÉNÉRALES
SUR L'EUROPE,
ET SUR LA FRANCE
EN PARTICULIER,

OU

RÉFLEXIONS
SUR LES MAUX DE LA SOCIÉTÉ PRÉSENTE;

PAR M. N. ROSSET,
AUTEUR DES LETTRES AU PEUPLE FRANÇAIS.

> L'homme est de glace aux vérités;
> Il est de feu pour le mensonge.

A LYON,
CHEZ RUSAND, LIBRAIRE, IMPRIMEUR DU ROI.

A PARIS,
A LA LIBRAIRIE ECCLÉSIASTIQUE DE RUSAND,
rue du Pot-de-Fer-St-Sulpice, n. 8.

JUIN 1828.

CHAPITRE PREMIER.

RAPIDE COUP D'ŒIL SUR LES TEMPS QUI ONT PRÉCÉDÉ L'ÉTABLISSEMENT DU CHRISTIANISME, ET SUR LES TEMPS QUI L'ONT SUIVI, JUSQU'A LA RÉFORMATION DU SEIZIÈME SIÈCLE.

LES anciens législateurs, plus sages que nos philosophes modernes, étoient persuadés que la Religion devoit présider à toutes les institutions politiques. Ce fut au nom des dieux que Lycurgue imposa dans Lacédémone son étonnante législation, et qu'il se fit obéir pendant plusieurs siècles après sa mort. Mais de toutes les nations de l'antiquité, Rome fut sans contredit la plus grande, la plus généreuse et la plus forte, parce qu'elle fut aussi la plus éminemment religieuse. Là on consultoit les dieux avant de commencer la guerre; on les consultoit encore avant de conclure la paix; le Consul, avant de livrer bataille, invoquoit la protection divine, et le premier soin du général vainqueur étoit de monter au capitole. Les Romains eurent toutes les vertus que peut avoir un peuple que les lumières du Christianisme n'ont point éclairé. Le paganisme étoit sans doute une religion fausse, mais cependant tout n'étoit pas également faux dans l'idolâtrie ; les traditions primitives s'y trouvoient sans doute horriblement défigurées, mais cependant elles n'étoient pas éteintes. Les vérités fondamentales de l'ordre social surnageoient, au contraire, au milieu des nations égarées ; et tant que la foi dans ces vérités premières subsista parmi les Romains, Rome ne cessa de prospérer, de s'étendre et de grandir.

Mais là, comme partout, la philosophie osa s'introduire, et ses déclamations vinrent ébranler les antiques croyances. Là, comme partout, l'apparition de la philosophie annonça l'approche de la tempête, le terme de la gloire et la chute de l'empire. Les Grecs vaincus se précipitèrent dans Rome triomphante, et la funeste éloquence des sophistes déprava bientôt le peuple qui venoit de conquérir l'univers. On discuta sur la nature des dieux pour apprendre à s'en moquer ; on parla beaucoup de la vertu, mais pour contester ses droits ; on parla beaucoup du vice, mais pour le justifier ; et dès que l'on raisonna ses devoirs, on cessa de les remplir. La raison, courbée jadis sous l'autorité d'une foi conservatrice, s'indigna d'une dépendance que bientôt elle regarda comme une déshonorante servitude ; elle cita devant son superbe tribunal et les hommes et les dieux, et les mœurs et les croyances, et les traditions et les lois. Après avoir dépeuplé l'Olympe de ses mensongères divinités, elle voulut interroger et sonder la nature; privée de guide, elle s'avança dans les mystères qui l'environnent et qui la couvrent, mais elle n'y trouva qu'un vide désolant; et loin de reconnoître son impuissance, aveuglée par son orgueil, elle se mit à nier tout ce qu'elle ne put comprendre; elle abattit successivement toutes les doctrines sociales, et palpitante d'une joie barbare, elle proclama le néant au milieu des peuples d'abord consternés.

Comme cette effroyable doctrine tend à favoriser toutes les viles passions du cœur, l'homme s'en laissa facilement subjuguer et séduire. Aussi Catilina tenta bientôt d'asservir la maîtresse de l'univers, et s'il échoua devant le génie d'un illustre citoyen, bientôt César franchit le Rubicon, et la victoire de Pharsale mit Rome à ses pieds. C'est en vain que Brutus appelle une seconde fois les Romains à la liberté; les Romains ne sont plus faits pour elle. Temps des Fabricius et des Camille! beaux jours des Fabius et des Scipion! qu'êtes-vous devenus? O Rome! Rome autrefois si grande et si magnanime! qu'as-tu fait des nobles vertus de tes ancêtres? Je cherche partout ce peuple de rois, et je ne vois plus qu'un vil troupeau d'esclaves: satisfait de se rouler dans la fange, en récitant les vers de Lucrèce et les maximes d'Epicure, on diroit qu'il éprouve une stupide ivresse en songeant qu'il a détrôné ses dieux.

Quand la philosophie a fait au milieu d'un peuple sa sinistre apparition, ne comptez plus sur la félicité publique ; car lorsqu'une doctrine flatte les passions de l'homme, on doit avoir la certitude qu'elle ne tardera pas de tout gagner, de tout envahir et de tout corrompre. C'est là ce que nous prouve l'histoire de cette superbe Rome, qui va bientôt lasser l'excès de la tyrannie par l'excès de sa facile et prompte servitude. Autrefois Manilius fut puni pour avoir embrassé son épouse en présence de ses enfans, et l'incestueux Néron va faire bénir son parricide au milieu d'un sénat encore plus vil que son maître. Pendant plusieurs siècles Rome donna l'exemple des plus nobles vertus, mais la philosophie a dégradé cette reine du monde ; hommes et femmes, enfans et vieillards, tout présente le hideux spectacle de la plus infâme dissolution ; les mœurs de Sodome ont fait place aux mœurs antiques ; les délations, les rapines, les empoisonnemens, le brigandage sont devenus des choses si communes qu'elles n'excitent plus le moindre étonnement ; et le Romain, au milieu de sa dégradation, ne le cède en turpitudes qu'à ses lâches et féroces dominateurs. Est-ce bien là ce peuple romain, jadis si plein de noblesse et de dignité? Quelle déplorable métamorphose! Avec quelle promptitude Rome s'est-elle façonnée au joug de la tyrannie! Dans quel mépris est tombé cet auguste sénat dont l'attitude majestueuse consterna jadis les Gaulois vainqueurs, et commanda tant de fois l'admiration aux ambassadeurs des puissances étrangères! Ames courageuses! cœurs généreux! voix éloquentes! je vous cherche, et je ne vous trouve plus. C'est à qui se montrera plus complaisant, plus inique ou plus vil; c'est à qui vendra le premier les destinées de son pays; c'est à qui l'emportera par l'excès de son infamie, de sa bassesse et de sa lâcheté. On n'a qu'à lire Suétone et Tacite pour se faire une idée de cette époque vraiment épouvantable, et sans doute la fin d'un tel peuple n'est pas éloignée, puisque tous les liens de la société sont rompus. Où chercherons-nous la cause d'une semblable révolution, si ce n'est dans l'anéantissement des anciennes croyances, et dans le triomphe des maximes d'Epicure? Montesquieu lui-même nous l'a dit, Rome dut à la philosophie la perte de son indépendance et les effroyables calamités qui la suivirent. Dès que l'homme n'a plus d'autre Dieu que ses passions, l'homme devient le plus vil et le plus féroce de tous les animaux. En effet, pourquoi se contraindre et pratiquer d'inutiles vertus, si l'homme doit mourir tout entier, et si le tombeau n'est en effet qu'un sépulcre éternel? Je ne croirai jamais à la probité d'un homme dépourvu de principes religieux, car tout matérialiste qui raisonne est nécessairement un scélérat. Si quelquefois des hommes pareils affichent encore des sentimens généreux, c'est qu'ils ont peur de révolter leurs concitoyens; mais si vous pouviez descendre au fond de ces cœurs dépravés, vous reculeriez d'épouvante, et vos bras tomberoient de consternation. Qu'ils viennent à compter dans le monde un grand nombre d'insensés qui leur ressemblent, que leur doctrine soit devenue l'opinion dominante, et vous verrez s'il y aura des forfaits qui les fassent trembler, et des infamies qui les fassent rougir. Faut-il donc s'étonner que Rome, sous la tyrannie des empereurs, nous ait effrayés par le spectacle de ses longues abominations? C'est qu'alors il n'existoit plus de religion dans Rome; c'est qu'on avoit cessé d'y croire aux consolations d'une vie meilleure; c'est que la doctrine d'Epicure avoit dégradé tous les esprits, obscurci toutes les intelligences et desséché tous les cœurs. Les Romains, devenus impies, n'étoient plus que des êtres profondément avilis; c'étoient de véritables brutes livrées à tous les caprices de la nature; c'étoient des monstres qui n'avoient plus rien de l'humanité. A la vue d'un semblable débordement, les cheveux se dressent sur la tête; ce n'est pas la pitié qui trouble vos entrailles, c'est une sainte rage qui vous transporte, c'est une horreur profonde qui vous consterne, et l'on n'interrompt un silence effrayant que pour annoncer la fin de ce peuple dégénéré.

La société alloit en effet se dissoudre, quand un prodige vint tout à coup changer la face de la terre et ranimer les débris de cette société mourante ; le Christianisme venoit de paroître ; d'ignorans pêcheurs, partis des bords du lac de Génésareth, s'étoient dispersés dans les diverses provinces de l'empire romain ; et ces philosophes d'un nouveau genre ne songent pas moins qu'à la conquête de l'univers. Ils ne possèdent ni les grâces séduisantes que donne l'éducation, ni les sciences qui charment les hommes et qui s'en font écouter, ni cet art de bien dire qui sait les captiver et leur plaire : grossiers comme le vêtement qui les couvre, ils vont prêcher au milieu des villes corrompues, dans les murs de ces cités superbes où retentissent les accens de la poésie et de l'éloquence, et devant des sophistes qui se font un jeu de tout révoquer en doute et de tout mettre en problème; ils vont annoncer à des nations abâtardies une religion de pénitence et de rigueur; ils vont leur raconter des mystères profonds, capables de révolter l'orgueil de la terre entière, et qui, sans doute, ne manqueront pas d'exciter les railleries et les mépris d'un siècle enivré de sa science trompeuse et de sa folle raison. Comment les Disciples de Jésus-Christ seront-ils entendus par les hommes de leur temps? Quand ils viendront leur dire : quittez les plaisirs qui vous enchantent; domptez les viles passions qui vous tyrannisent; devenez chastes, justes et tempérans; le Dieu que notre bouche annonce est un Dieu de souffrances et de mortification ; il est né dans une crèche, il est mort sur une croix, et cependant c'est lui qui sauve le monde ; c'est lui qui le tira du néant; c'est lui devant lequel tous les genoux fléchissent dans le ciel, sur la terre et dans les enfers. Ce Dieu qui reçut d'une Vierge les formes de l'humanité, naquit et vécut pauvre, obscur et méprisé, et c'est nous qu'il a choisis pour répandre sa doctrine du couchant à l'aurore.

Quand les Disciples de Jésus-Christ tiendront un semblable langage, que vont dire, que vont penser les sages, les grands et les heureux du siècle ? Ne croiront-ils pas entendre des hommes en délire ? Ne seront-ils pas tentés d'éviter avec dédain la présence de ces étranges mortels ? ou s'ils daignent les écouter un instant, ne sera-ce pas en effet pour s'égayer et pour se divertir? Les Apôtres ne doivent-ils pas en être convaincus? oseront-ils persister dans un projet qui semble tenir de la démence ? Auront-ils le courage d'aller aux nations pour leur prêcher une religion inconnue, eux qui naguères trembloient à la vue du moindre danger; eux qui n'ont pas eu la force de défendre leur infortuné Maître ; eux qui l'ont abandonné lâchement au milieu de ses persécuteurs, et qui l'ont vu traîner au sommet du Calvaire, sans avoir la générosité de l'y suivre et de l'y consoler? O touchant prodige! Attendrissante merveille! A peine Jésus est-il remonté vers son Père, que l'héroïsme s'empare de ces cœurs tout à l'heure si foibles, si lâches, si pusillanimes; ils ne voient, ils n'entendent, ils n'examinent plus rien; sans fortune, sans crédit, sans lettres, sans instruction, ils se dispersent dans toutes les régions de la terre, et, sur la seule parole de leur divin Maître, ils marchent à la conquête de l'univers. Saint Paul va prêcher dans la ville de Périclès, de Démosthènes et de Platon; sa grossière éloquence ose retentir dans la patrie des sophistes et des rhéteurs, et l'Aréopage lui-même se laisse attendrir, interdire et confondre. Un pêcheur de la Judée plante la croix au pied du Capitole; et jette dans l'obscurité les fondemens d'une puissance qui ne finira jamais. En vain les prêtres effrayés volent au secours de leurs idoles, vainement les sophistes combattent la nouvelle doctrine, vainement les Césars s'efforcent d'en arrêter les rapides progrès; d'ignorans mortels triomphent et des prêtres, et des sophistes, et des Césars eux-mêmes.

Du sein de la plus effroyable corruption on voit bientôt sortir les plus nobles, les plus héroïques et les plus touchantes vertus. Ces hommes d'une nouvelle espèce marchent au supplice comme les autres courent aux plaisirs, aux fêtes, aux réjouissances publiques; ils sourient à la vue des licteurs ; ils poussent des cris de joie à l'aspect des bourreaux, et meurent en priant pour ceux qui les égorgent. Plus la mort en fait disparoître, plus leur nombre se multiplie et s'accroît; et, comme l'a dit l'immortel auteur de l'Apologétique : *Le sang des Martyrs est une semence de Chrétiens*. La sagesse mondaine, frappée de surprise et d'admiration, ne sait plus que penser et que dire ; vainement elle s'obstine à méconnoître dans ce prodige la main du Dieu qui l'opère; vainement l'enfer s'agite tout entier pour reconquérir le pouvoir qui l'abandonne ; tout reste inutile, il faut céder, il faut se rendre ; de toutes parts l'idolâtrie s'évanouit; bientôt les Césars ont suivi l'impulsion de l'univers, et la croix de l'Homme-Dieu couronne enfin le sommet du Capitole.

La société, dont la philosophie avoit desséché les entrailles, se rassied sur de nouvelles bases, et ce cadavre, qui déjà tomboit en putréfaction, reçoit une seconde vie mille fois plus vigoureuse que la première. Le Christianisme va maintenant traverser majestueusement les siècles au milieu des nations qui se succèdent et des révolutions qui changent la face des empires. Sans le Christianisme il n'étoit plus d'espérance, et lui seul pouvoit rajeunir le monde qui s'évanouissoit de foiblesse et de caducité. Les gouvernemens affermis par cette auguste religion n'eurent plus à trembler chaque jour devant les caprices d'une multitude indomptée, volage et turbulente ; ils purent vivre en paix à l'abri d'une doctrine qui divinisoit le pouvoir ; la loi de *seconde majesté* vint protéger les trônes, et l'on n'eut plus à frémir devant ces peuples rebelles que l'on trouve partout où ne règne pas le Christianisme, et qu'on ne rencontre jamais là où ses divines croyances n'ont pas vu s'altérer leur bienfaisant et salutaire empire.

Qui pourra nous raconter l'admirable influence de la religion chrétienne sur l'état des nations, sur le malheureux sort des esclaves, et combien elle fit naître de lois paternelles, de nobles institutions, de grandes, de fortes et de généreuses pensées ? Qui pourra comparer les nouveaux et les anciens temps, sans bénir les bienfaits de ce christianisme que des insensés voudroient détruire au milieu de nous ? Les Romains eurent sans doute de très-grandes vertus civiles ; ils furent tout ce qu'ils pouvoient devenir avec une fausse religion. Mais ces Romains, ces géans de l'histoire, ces hommes tant et si justement vantés, qu'étoient-ils, après tout, si nous allions leur opposer les peuples que le Christianisme enfanta ? Ces peuples nouveaux ne les surpassent pas sans doute en courage, en actions d'éclat, en vertus de faste et d'ostentation ; mais combien ils l'emportent sous des rapports divers! Qu'étoient les droits de la guerre aux yeux de ces superbes conquérans? Les Romains pouvoient exterminer les peuples vaincus, ou les réduire en esclavage, sans blesser les idées généralement reçues. Le malheureux Persée qui monte au Capitole pour servir d'ornement au triomphe de Paul-Emile, est un spectacle qu'un peuple chrétien n'auroit jamais offert. Partout où le Christianisme s'est établi, les lois de la guerre se sont adoucies, et pour obtenir la gloire militaire, il n'a plus suffi d'être brave, il a fallu se montrer humain dans les combats, et généreux après la victoire. Que devenoient les villes de l'antiquité qui tomboient au pouvoir d'un vainqueur? Sagonte et Numance sont là pour l'attester à tous les siècles, et le sac de l'Epire en servira d'irrécusable témoignage. Le mot de Caton, sans doute, n'est pas encore oublié, et les ruines de la superbe Carthage peuvent nous apprendre quelles étoient la modération, la justice et l'humanité du premier peuple de l'univers. Pour trouver les droits de la guerre tels que les avoient conçus les nations les plus sages, qui n'ont pas été chrétiennes, il faut se transporter chez les Musulmans, ou bien remonter jusqu'aux jours affreux du comité de salut public et du directoire.

En second lieu, quel étoit le sort des femmes chez la plupart des peuples de l'antiquité? Un esclavage perpétuel n'étoit-il pas leur triste partage et leur commune destinée ? On ne les vit jamais heureuses et libres comme elles le sont parmi nous ; en général, tous les peuples que le Christianisme n'a point civilisés, ont eu pour les femmes des procédés barbares, ou du moins des procédés humilians ; car je soupçonne beaucoup d'exagération dans les choses qu'on nous raconte à cet égard sur le compte des Gaulois et des Germains. D'ailleurs, des exceptions ne détruiront jamais un principe général, il n'en est pas moins vrai que le Christianisme seul a connu l'art d'ennoblir les femmes, sans les affranchir néanmoins d'une subordination nécessaire, indispensable et même utile à leur propre félicité. Chez tous les peuples qui n'ont pas connu ou qui ne connoissent pas cette auguste et bienfaisante religion de Jésus-Christ, ne trouvons-nous pas la polygamie, le divorce, ou la répudiation ; et peut-on rien imaginer de plus contraire au bonheur des femmes que la répudiation, le divorce et la polygamie ? N'est-ce pas livrer le plus foible à la merci du plus fort, et compromettre tout à la fois le sort de la mère et celui des enfans ?

Faudra-t-il répéter ensuite tout ce qu'on a dit sur l'esclavage ? Ce droit honteux de la force n'a-t-il pas existé chez les Grecs et les Romains ? Ne le trouvons-nous pas encore aujourd'hui dans les

Indes, en Afrique, à Constantinople? N'est-ce pas le Christianisme qui, par sa douce influence, a fait disparoître la servitude dans l'Europe entière? La philosophie osera-t-elle nier un aussi beau triomphe? Les anciens se formoient-ils l'idée d'un peuple sans esclaves? Que les incrédules, aussi coupables qu'ils se montrent insensés, cessent donc enfin d'accuser le Christianisme de favoriser l'esclavage et d'être ennemi de la liberté. Qu'on laisse faire à cette aimable religion, qu'on se repose sur elle du soin de rendre les peuples heureux, elle seule connoît l'art d'adoucir la triste destinée des hommes, sans les précipiter dans les égaremens de la licence et dans les convulsions de l'anarchie.

On ne finiroit pas si l'on vouloit compter les immenses bienfaits que le Christianisme a répandus sur la terre. N'est-ce pas à lui qu'on doit l'établissement de nos hôpitaux, inconnus à la dure antiquité? N'est-ce pas lui qui fonda ces diverses Congrégations pour l'instruction des enfans des pauvres et pour le soulagement de l'humanité souffrante? N'a-t-il pas fécondé le génie des architectes, des poètes et des sculpteurs? Que de monumens n'a-t-il pas élevés sur la surface de notre vieille Europe, qui maintenant n'a plus l'air de s'en souvenir! Mais pourquoi rappeler des faits incontestables que le pyrrhonisme le plus effronté n'ébranlera jamais? Hâtons-nous de marcher en avant et d'arriver à notre but.

L'empire, devenu chrétien, se reposoit à peine dans les bras de la religion qui l'avoit ressuscité, et déjà de sourdes tempêtes menaçoient l'horizon politique ; l'Eternel vouloit châtier les longs forfaits de Rome, et les peuples du nord s'ébranlent pour exécuter les décrets de la Providence. Que seroit devenue l'Europe si elle avoit été surprise par l'invasion des barbares dans l'état de corruption où l'avoit plongée l'exécrable philosophie d'Epicure ? N'est-il pas évident pour tout homme qui connoît l'histoire après l'avoir méditée, que le Christianisme seul pouvoit préserver le genre humain d'une horrible, et peut-être d'une éternelle servitude ? Le Christianisme avoit retrempé l'ame des Romains dégénérés, et l'ascendant irrésistible que donne cette aimable religion adoucit bientôt le caractère des féroces conquérans. On vit alors ce que l'on n'avoit jamais vu, les vainqueurs adoptèrent la croyance des vaincus, et se confondirent bientôt avec les nations qu'ils avoient subjuguées. Sans doute l'histoire des premiers siècles qui suivirent l'inondation des barbares nous offre une foule d'atrocités, de perfidies et d'abominations ; mais on ne réfléchit pas que, sans le Christianisme, on auroit vu mille fois pis encore ; dans ces temps malheureux l'action du Clergé fut immense, et s'il n'arrêta pas tout le mal, il eut néanmoins la gloire d'en suspendre très-souvent, et surtout d'en comprimer les funestes ravages. Combien de fois les supplications d'un évêque attendrirent les entrailles de l'impitoyable vainqueur, et firent tomber de ses mains dégoûtantes de sang et de carnage le glaive de la mort et de l'extermination ! Qu'il est beau de contempler le grand saint Léon aux genoux du farouche Attila ! Qu'il est touchant d'admirer le vénérable Pontife arrêtant un barbare qui venoit d'anéantir d'innombrables armées ! Oui, disons-le sans craindre le démenti de l'histoire, sans le noble dévoûment du sacerdoce, sans l'empire de cette divine religion qu'on a tant et si follement calomniée de nos jours, c'en étoit fait de notre superbe Europe, et la plus monstrueuse servitude seroit devenue son partage, comme elle est depuis tant de siècles la déplorable condition des peuples de l'orient.

Si l'Europe, au milieu de ces longs bouleversemens, ne devint pas tout-à-fait barbare et sauvage, elle le dut à cette religion qu'on s'efforce de méconnoître et d'anéantir. Ce fut à l'ombre des cloîtres que se réfugia le génie des sciences et des arts; ce fut le sacerdoce qui nous conserva les productions de la docte antiquité; et sans la vigilance de ces moines pour lesquels un siècle en délire affecte un si ridicule dédain, les beaux vers d'Horace et de Virgile, les éloquentes pages de Cicéron, les ouvrages de Platon, de

Tacite

Tacite et d'Homère, tout auroit péri misérablement, et nous serions sans doute encore ensevelis dans les ténèbres de la plus profonde ignorance. Les peuples alors ne savoient que combattre, le Clergé seul veilloit sur le dépôt des connoissances humaines, et gardoit le feu sacré qui devoit ranimer un jour le flambeau du génie.

Charlemagne parut dissiper un instant les ombres qui couvroient le monde entier; ce grand homme se montra comme un brillant météore au milieu de la nuit universelle : doué d'un esprit supérieur fécondé par la religion, il fit des choses vraiment admirables; mais l'Europe n'étoit pas mûre encore, et la société retomba bientôt dans un profond sommeil par la foiblesse et par l'ineptie de ses indignes successeurs.

Cependant enfin les croisades commencent, et le Musulman, qui menaçoit d'asservir la terre, tremble à son tour pour ses propres foyers. La philosophie, qui veut tout juger d'après les idées de son siècle, n'a pas manqué de se répandre en déclamations furibondes contre de semblables expéditions; mais, en dépit de cette pitoyable philosophie, il n'en reste pas moins démontré pour tout homme instruit, que les croisades rendirent à l'Europ eun service inappréciable, et que si leur but apparent ne fut pas atteint, elles n'en eurent pas moins en politique un immense résultat. Elles éteignirent l'esprit de conquête chez les disciples de Mahomet, et suivant toutes les probabilités, elles nous préservèrent de leur farouche et pesant despotisme. Ce fut pendant la durée de ces expéditions lointaines, que le Sacerdoce et les Papes surtout commencèrent le grand œuvre de la civilisation moderne. Si la philosophie, avec son génie étroit, avec ses idées mesquines, a condamné les croisades comme le produit d'une véritable démence, on pense bien qu'elle n'a pas fait grâce à la plupart des Souverains Pontifes qui régnèrent pendant plusieurs siècles. Cette hypocrite philosophie, qui dans son incurable présomption ne craint pas de s'ériger en arbitre des peuples et des rois, a fait des Papes le portrait le plus faux et le plus exagéré. Elle nous les représente rêvant la puissance universelle, et s'efforçant de courber la terre sous la verge d'une absurde théocratie; elle nous les montre disposant des couronnes au mépris du bon droit, de la justice et de l'équité; elle se garde surtout de nous raconter l'origine de ce droit exhorbitant qu'elle reproche aux Papes avec son incroyable légèreté. Je ne viens point défendre ici la légitimité d'une prérogative contre laquelle s'élèvent aujourd'hui tant et de si folles récriminations; mais personne du moins ne pourra m'imposer silence, quand je dirai qu'une telle prérogative devint l'unique refuge des peuples malheureux, et que sans elle rien n'auroit pu sauver le monde des excès et des attentats d'une aveugle et brutale tyrannie. Par tout ce que firent les misérables princes de ces misérables temps, il nous est facile de comprendre ce qu'ils auroient fait, s'ils n'avoient pas rencontré dans l'autorité du Pape l'unique frein qui put les retenir et les comprimer. On nous parle de l'ambition des Souverains Pontifes; mais, je le demande, s'ils ont quelquefois délié les peuples de leurs sermens de fidélité, l'ont-ils jamais entrepris dans le but sacrilége d'usurper les royaumes, et de s'asseoir à la place des méchans princes dont ils châtioient les égaremens? Non, non, jamais ils ne rendirent aucune sentence dans leur intérêt particulier, et jamais on ne les vit s'emparer du patrimoine des Souverains. Ils auroient pu, sans doute, asservir l'Europe entière, car leur ascendant étoit immense sur les esprits; et si cependant les Papes ne l'ont pas même tenté, le véritable philosophe ne doit-il pas en conclure que certainement ils ne l'ont pas voulu?

Il ne faut pas croire, d'ailleurs, que ce droit exhorbitant contre lequel on a vomi tant de sottes déclamations, fut une usurpation de la part des Souverains Pontifes. Ce droit qui révolte les idées de notre siècle, étoit né comme toutes les institutions politiques. Toute institution de cette nature est fondée sur des rapports antérieurs, le bon sens dit cela à tous ceux qui veulent bien le comprendre; car si les rapports dont je parle n'existoient pas, cette institution seroit certainement de la plus courte durée, parce qu'elle choqueroit les idées reçues, et qu'elle mettroit les hommes du pouvoir en opposition manifeste avec les mœurs et les besoins du moment. On aperçoit donc ici, pour le dire en passant, la démence de nos orgueilleux réformateurs qui prétendent imposer la même constitution à tous les peuples de l'univers. Ces insensés qui voudroient tout réduire à leur imbécille niveau, ressemblent à des hommes qui bâtiroient un navire pour voler dans les airs, parce qu'avec lui ils peuvent naviguer sur les ondes de l'Océan. Il est évident que telle institution politique fera le malheur d'une nation, tandis qu'elle aura procuré la splendeur et la félicité d'une autre ; il est évident qu'une institution politique n'est bonne que si tous les rapports qu'elle exige et qu'elle suppose, se trouvent réunis dans la société à laquelle on veut en faire l'application. Chaque peuple a ses idées particulières et ses besoins particuliers ; sa manière d'être et de penser ne ressemble jamais entièrement à celle des autres peuples, elle ne ressemble pas même à celle de la nation la plus voisine de son territoire ; il est donc certain qu'en appliquant les mêmes lois politiques à deux peuples différens, on s'expose à contrarier les idées préexistantes de l'un ou de l'autre, à bouleverser les rapports de la société dont on veut changer le régime politique, et par conséquent à plonger dans un état de malaise, d'inquiétude et d'irritation, un peuple jusque-là doux, ami de l'ordre, tranquille et fortuné. Malheur, cent fois malheur aux peuples insensés qui veulent procéder par voie de délibération à l'établissement de leurs institutions politiques! Les hommes, avec leurs fausses lumières, n'aperçoivent jamais entièrement tous les rapports de la société dans le sein de laquelle ils ont pris naissance; ils auront constamment la folie de faire tout le mieux possible, et par-là même il est certain qu'ils feront toujours mal. La Providence seule peut fonder des institutions durables, parce que seule elle connoît parfaitement les rapports qui lient une société. Les hommes font tout brusquement; la Providence agit toujours avec une sage lenteur; elle ne conduit que par degrés une institution politique à sa perfection, parce qu'il faut donner au temps les moyens de préparer les rapports qui doivent la constituer, et que le temps seul peut mettre ces rapports dans un équilibre parfait et dans une parfaite harmonie. Les hommes ne doivent entrer que comme de véritables instrumens dans l'établissement de toutes les institutions politiques; toutes les fois qu'ils veulent créer *proprio motu*, ils en sont punis sur-le-champ par la perte de leur félicité. Il faut donc croire qu'une institution politique ne sera qu'une éphémère création, toutes les fois que les hommes s'assembleront pour s'organiser, et qu'ils se laisseront dominer et séduire par leurs brillantes utopies. Elle ne sera durable qu'en s'enracinant dans les temps qui l'ont précédée, parce qu'alors seulement elle accomplira l'œuvre de la Providence.

On peut se convaincre, par ces légers aperçus, de l'ineptie de ces hommes superficiels qui ont accusé les Papes d'avoir usurpé la prérogative dont nous parlions tout à l'heure. Si le droit en question n'étoit pas né des idées préexistantes et des véritables besoins du moment, il est palpable que les Souverains Pontifes auroient été dans l'impuissance de l'établir. Mais la foi robuste des hommes de cette époque avoit rendu les Papes l'objet de la vénération publique; on les regardoit comme une seconde Providence chargée de veiller au bonheur du genre humain; de là l'idée simple et naturelle de recourir à leur protection contre les excès de la tyrannie et contre les abus du pouvoir; de là les nombreux recours des princes eux-mêmes aux Souverains Pontifes comme aux grands médiateurs de la société chrétienne. Les Papes, d'ailleurs, convaincus que leur pouvoir étoit l'unique moyen qui pût sauver l'Europe dans ces temps malheureux, eurent le courage d'en user; ils n'usurpèrent nullement le droit qu'on leur reproche avec tant d'amertume; ils s'en laissèrent investir, et l'avis de tout homme raisonnable est qu'ils firent très-sagement. Ce droit public, qui seul pouvoit servir de contrepoids au terrible droit de la force, fut donc créé par les idées et par les besoins du moment; il entroit par conséquent dans les vues de la Providence, et blâmer les Papes de l'avoir exercé, c'est juger les siècles qui nous ont précédés, avec les opinions et les préjugés du nôtre; c'est manquer de philosophie et de jugement; c'est insulter à la reconnoissance de l'Europe sauvée par les Souverains Pontifes. Ce droit public, né pour ainsi dire sans être aperçu, valoit bien sans doute la doctrine si funeste de la souveraineté populaire. D'ailleurs, qui pense maintenant à faire revivre un droit pareil? Où est l'insensé qui s'en feroit le téméraire champion? Ceux qui nous menacent de son retour sont des hommes coupables qui parlent évidemment contre le témoignage de leur propre conscience, ou des sots qui, semblables aux enfans de nos villages, ont peur des fantômes et des revenans. Princes de la terre qu'on voudroit alarmer par ce ridicule épouvantail, ce n'est pas là qu'est le péril; il est un danger plus prochain et plus imminent, c'est la faction révolutionnaire qui médite votre perte et la nôtre; c'est l'irréligion qui sape le fondement de tous les trônes, et qui bientôt va consommer la ruine de tous les peuples.

Les préjugés qui de toutes parts se sont élevés contre les Souverains Pontifes, ces préjugés funestes qui furent l'ouvrage d'une réforme insensée et d'une criminelle philosophie, se dissiperont un jour en présence d'une philosophie meilleure. Déjà, malgré les vociférations d'une secte anti-sociale, la lumière a pénétré les profondes ténèbres qui nous environnent; depuis qu'un immortel écrivain, expiant par l'hommage de son génie les erreurs parlementaires qui trop long-temps séduisirent la magistrature, s'est déclaré le vengeur des Papes, et qu'il n'a pas craint de lutter contre de vieilles et de fatales préventions, beaucoup d'idées se sont rectifiées dans l'esprit des hommes, beaucoup de préjugés se sont évanouis, et le courage d'un grand homme a commencé parmi nous une révolution philosophique qui ne s'arrêtera plus, qui se propage avec rapidité, quoiqu'elle soit encore aujourd'hui foiblement aperçue, et qui finira par détruire en Europe l'abjecte philosophie du dix-huitième siècle.

Cependant, grâce à l'action puissante des Papes et du Clergé, les ténèbres du moyen âge se dissipoient d'une manière rapide; les Moines défrichoient de toutes parts les landes épaisses qui nous fermoient le sanctuaire des sciences et des beaux arts; et dans le silence des monastères on collationnoit les vieux manuscrits, on épuroit les textes, on étudioit la savante antiquité. On l'a dit souvent, mais on ne pourra jamais le dire et le répéter assez, c'est à ces Moines tant décriés que nous devons la renaissance des lettres; c'est le Clergé qui nous conserva le dépôt des connoissances humaines, et l'Europe, aujourd'hui si pleine d'injustice et d'ingratitude à son égard, lui doit incontestablement et tout ce qu'elle a pu conquérir de gloire, et tout ce qu'elle a possédé de bonheur et de félicité. Oui, sans le sacerdoce, tel qui voudroit le proscrire ou l'anéantir, gémiroit peut-être à la porte d'un sérail, ou ramperoit en esclave aux pieds d'un orgueilleux satrape ou d'un impitoyable visir. La France surtout, cette belle France, aujourd'hui si aveugle et si fière, dut à ses Prêtres et ses lois les plus sages, et ses plus belles institutions. Cette florissante monarchie, fondée par des Evêques, reçut des mains du sacerdoce cette constitution forte et robuste qui la fit monter et qui la maintint à la tête du monde civilisé. Les Evêques furent constamment les premiers conseillers de la couronne, et la France se trouva toujours bien de leurs judicieux conseils. L'Allemagne, l'Angleterre et l'Espagne suivirent la même direction, et l'influence du Clergé tendit partout à rendre le sort des nations plus doux, plus tranquille et plus fortuné. Un droit public que l'habitude seule nous empêche d'admirer, s'établit dans toute l'Europe sur les principes de la religion chrétienne. Le Christianisme ne cessa de crier contre les abus du pouvoir, tout en cimentant ce pouvoir sur des fondemens inébranlables. Il adoucit les mœurs des Rois et des nations ; il contraignit les princes, par la céleste influence de ses doctrines, à considérer des frères dans les derniers de leurs sujets ; et d'un autre côté il fit reconnoître les souverains comme les inviolables mandataires de la puissance divine. On ne vit plus ces révolutions fréquentes que l'histoire de l'antiquité nous offre à chaque pas, et qui, de nos jours encore, se répètent avec tant de violence chez les diverses nations de l'orient. La tyrannie, toujours si commune dans tous les pays qui ne sont pas chrétiens, devint pour ainsi dire un phénomène, et le droit de la force cessa d'être une continuelle oppression. Depuis Hugues-Capet jusqu'à Louis XVI, la France ne compta pas un véritable tyran, car Louis XI et Charles IX, tout indignes qu'ils fussent d'appartenir à leur noble race, furent cependant loin de ressembler à ces maîtres farouches de Rome et du Bas-Empire, ou de l'Asie ancienne et moderne. Hommes sans préventions, lisez donc l'histoire, et que votre conscience me réponde : où trouverez-vous cette longue série de rois généreux, de souverains magnanimes, de princes religieux, équitables et bienfaisans, si ce n'est dans l'Europe devenue chrétienne ? Quelle dynastie pourrez-vous comparer aux augustes races de Bourbon, de Lorraine et de Savoie? Partout ailleurs les bons rois sont des phénomènes et des exceptions; ici les exceptions sont dans les mauvais princes, et combien ces derniers encore ne sont-ils pas restés loin des Néron, des Tibère, des Commode et des Caligula! On ne veut pas remarquer cette énorme différence, et parce que tous les princes chrétiens ne furent pas des modèles de sagesse et de vertu, on s'obstine à soutenir, contre le témoignage universel de l'histoire, que l'établissement du Christianisme n'a pas amélioré la condition des hommes. Mais quoi qu'en dise l'impiété moderne, il n'en est pas moins vrai que le Christianisme seul avoit créé des gouvernemens tempérés, un droit public admirable, des lois et des institutions capables d'enfanter les plus grandes merveilles. Il n'en est pas moins vrai que l'Europe se constituoit d'une manière sage, forte et vigoureuse; que réunie dans une même croyance, elle étoit devenue pour ainsi dire un même peuple, et qu'une fraternité touchante tendoit à s'établir entre toutes les nations. Il n'en est pas moins vrai que le Christianisme avoit tout amélioré, et que nous marchions à grands pas dans la route d'un perfectionnement complet, quand les prétendus réformateurs du seizième siècle vinrent tout à coup suspendre cette marche de l'esprit humain, et nous faire rétrograder dans le chemin de l'ordre, de la paix et du bonheur. Mais je ne veux pas anticiper sur cette funeste révolution, qui va faire le sujet du chapitre suivant.

CHAPITRE II.

DE LA RÉFORME.

L'ORGUEIL est la maladie la plus incurable de l'homme déchu ; l'orgueil est tellement inné dans le cœur humain, que la vertu même en est souvent ébranlée. L'orgueil est le père de tous les vices, et quand une fois il s'est emparé de l'intelligence, il n'est pas d'erreurs qu'il ne légitime, il n'est pas de fautes qu'il n'excuse, il n'est pas de forfaits qu'il ne justifie. Qu'un homme se laisse maîtriser par cet impitoyable tyran, et bientôt cet homme, autrefois si grand, si juste, si généreux, va s'abandonner aux plus monstrueux écarts, et peut-être épouvanter le monde par l'audace de ses attentats et par la fureur de ses débordemens.

Luther est un exemple frappant de cette lamentable vérité ; Luther, qui fut long-temps le modèle de son cloître, se laisse malheureusement dominer par l'orgueil ; et cet homme égaré franchit bientôt toutes les bornes de la sagesse, de la justice et de la raison. Une basse jalousie le fait monter en chaire, et de l'attaque primitivement dirigée contre l'abus des indulgences, il passe rapidement à l'attaque des indulgences mêmes; il ne craint pas de censurer la conduite de l'Eglise, et d'affliger le cœur du Souverain Pontife par des emportemens tout-à-fait indignes du caractère sacré dont il est revêtu. Léon X, comme tous les Papes qui l'ont précédé et qui doivent le suivre, mit d'abord en usage tous les moyens que peuvent inspirer l'amour, la douceur et la modération. Le reproche de rigueur inflexible que la philosophie moderne n'a pas craint d'adresser aux successeurs de saint Pierre est, pour le dire en passant, une de ces accusations bannales formellement démenties par toutes les pages de l'histoire. Clément VII lui-même, que Voltaire et ses pareils ont accusé d'une fatale précipitation, poussa la patience jusqu'aux dernières limites; et si les mains du Pontife laissèrent enfin partir la foudre qui frappa le front orgueilleux d'Henri VIII, ce fut seulement quand il eut perdu la dernière espérance de faire descendre le repentir dans le cœur du Monarque adultère et scandaleux.

Une indulgence paternelle, que souvent même on seroit tenté d'appeler excessive, fut en général le partage constant des Souverains Pontifes, et Léon X ne pouvoit tolérer plus long-temps les fougueux égaremens de Luther, sans compromettre la dignité de son sublime ministère, sans manquer aux devoirs sacrés de la conscience, et sans se déclarer tacitement le protecteur et le complice du Moine apostat. Quand le Pape eut acquis la triste conviction que rien n'étoit capable de ramener ce malheureux sectaire, et qu'il étoit urgent de comprimer les ravages de la nouvelle doctrine, la sentence de condamnation fut prononcée ; et comme on l'avoit prévu, Luther brava l'anathème, se déchaîna contre la suprématie du successeur de Pierre, dont cependant il avoit formellement reconnu la divine institution et l'indispensable nécessité, et leva, sans frémir, l'étendard sacrilége de la révolte et du crime.

En détruisant ainsi l'admirable unité qui faisoit de toute l'Europe une seule et grande société religieuse, Luther ne songea pas qu'il ouvroit la porte à toutes les erreurs ; ou s'il aperçut confusément cette triste vérité, l'orgueil fit taire le cri de la conscience et le langage de la raison. A peine eut-il combattu le principe de l'autorité, qu'il en recueillit l'inévitable châtiment ; il entendit bientôt murmurer ses disciples, et la discorde ne tarda pas d'accourir au milieu de leurs bandes séditieuses. De nouvelles erreurs s'élevoient chaque jour du sein de l'orgueilleuse réforme, et la société protestante, au bout de quelques années, n'offroit déjà plus aux regards de l'observateur attentif que le spectacle d'une vaste et déplorable anarchie. Luther s'efforçoit vainement de retenir le sceptre usurpateur qu'il s'étoit arrogé dans la société religieuse, de nouveaux sectaires plus audacieux que lui sapoient de toutes parts les vérités que sa prudence avoit laissées debout, et le battant avec ses propres armes, ils rioient de ses ridicules anathèmes et de ses comiques fureurs. Son fidèle Mélancthon, tout en se plaignant de son despotisme, ne contemploit déjà l'avenir qu'en frémissant d'horreur et d'effroi; il auroit voulu trouver un appui contre les innovations, car il sentoit que cet appui manquoit à la réforme naissante; mais cette pensée le conduisoit directement à l'Eglise catholique, car elle seule possédoit dans le principe de l'autorité l'ancre salutaire que cherchoit l'infortuné Mélancthon. La conscience auroit dû lui faire proclamer une vérité semblable, mais l'intraitable orgueil étoit là; mais il falloit rentrer au sein de l'Eglise qu'on avoit répudiée; mais il falloit perdre la funeste indépendance que l'on avoit acquise, et l'orgueil étoit incapable de faire une démarche pareille. Mélancthon cependant tâcha par tous les moyens possibles d'établir une espèce d'unité dans les croyances de la réforme protestante; on dressa des professions de foi; on rédigea des formulaires; on prescrivit, on exigea des sermens. Inutiles et vaines précautions ! L'erreur devoit porter son fruit ; et puisqu'on avoit eu la folie d'anéantir le principe de l'autorité, les disciples de nos insensés réformateurs méprisèrent bientôt des professions de foi que personne n'avoit le droit d'imposer et de prescrire. Usant des mêmes armes que Luther avoit employées pour s'affranchir de la suprématie du Pape, Zwingle et Calvin attaquèrent bientôt la doctrine de Luther, et s'avancèrent avec plus d'audace dans le chemin de l'erreur et de la nouveauté. On écrivit de part et d'autre, et chaque parti se fonda sur l'Ecriture pour défendre ses opinions plus ou moins sacriléges. En vain s'accusoit-on réciproquement de mal interpréter l'Ecriture, comme il n'existoit plus de tribunal compétent pour décider les questions controversées, comme les uns et les autres ne vouloient plus admettre aucune autorité suprême en matière de doctrine et de foi, les discussions ne produisoient aucun résultat, chaque parti se flattoit d'avoir triomphé du parti contraire, et chacun d'eux s'enfonçoit de plus en plus dans le système qu'il avoit malheureusement embrassé. En vain la honte d'offrir aux catholiques le triste spectacle de ces divisions sembloit quelquefois s'emparer des différens partis, et paroissoit opérer des rapprochemens entre eux ; l'orgueil qui les dominoit tous, et qui faisoit désirer à tous la suprême dictature de la société religieuse, violoit

bientôt

bientôt ces trèves momentanées, et la guerre n'en devenoit que plus terrible. La réforme s'en alloit ainsi flottant à tout vent de doctrine ; rien n'est plus curieux et plus lamentable en même temps que l'histoire de ses perpétuelles variations ; le génie de Bossuet nous en a tracé le tableau fidèle, et l'ouvrage de ce grand homme devroit suffire pour confondre et pour convaincre tous les protestans de bonne foi. Ou le Christianisme n'est pas vrai, ou certainement les protestans sont dans l'erreur. Comment s'imaginer, en effet, que le Sauveur des hommes soit descendu sur la terre pour enseigner une doctrine qu'il seroit libre à chacun d'interpréter suivant les caprices d'une raison superbe, inconstante et trompeuse? Jésus-Christ ne savoit-il pas avec quelle facilité l'homme abuseroit d'un semblable privilége? ignoroit-il avec quelle adresse l'orgueil de l'esprit viendroit légitimer les viles passions du cœur? comment n'auroit-il pas compris que l'homme, être foible et borné, seroit tenté quelque jour de sonder les augustes mystères de la religion, et que l'homme, écrasé sous le poids de leur inconcevable grandeur, ne craindroit pas de les révoquer en doute, et de se précipiter follement dans le chemin des innovations et de l'incrédulité? Quel philosophe assez dépourvu de jugement oseroit accuser Jésus-Christ d'avoir méconnu la nature du cœur humain, et d'avoir manqué de prévoyance en livrant l'homme sans boussole aux caprices d'une raison presque toujours aveugle, séduite, ou passionnée? Non, non, Jésus-Christ ne seroit pas Dieu, s'il n'avoit pas eu la sagesse de condamner et de proscrire la funeste doctrine du libre examen. Il suffit d'ouvrir l'Evangile pour lire à chaque page la condamnation formelle de la maxime protestante : pour tout homme qui n'a pas abjuré les derniers principes du Christianisme, il est démontré qu'il faut une autorité suprême dans l'Eglise; et même pour tout homme qui n'a pas étouffé les dernières lueurs du bon sens, il reste certain que dans toute société quelconque il faut un gouvernement, sans quoi l'anarchie est un mal inévitable et sans remède.

Cependant la réforme se débattit long-temps contre l'esprit qui l'avoit enfantée. Que d'ouvrages ne furent pas écrits de toutes parts! combien de conférences ne vit-on pas s'établir! combien d'efforts ne furent pas tentés, dans le but de fixer la croyance, et d'arrêter le torrent des innovations dont elle se voyoit menacée en pâlissant d'effroi! Qui n'a pas entendu ses cris d'alarmes et ses accens de détresse? Le bûcher de Michel Servet ne prouve-t-il pas combien la réforme tenoit encore à ce principe d'autorité, que cependant elle n'avoit pas craint d'attaquer et d'anéantir? Mais les protestans, harcelés et poursuivis sans cesse par les argumens de l'inflexible logique, se voyoient contraints de reculer chaque jour, et chaque jour de recourir à des positions nouvelles. Pressés par la raison catholique, toujours forte, par ce qu'elle est toujours conséquente, chassés de retranchemens en retranchemens, les malheureux sectaires ne savoient plus quelle attitude prendre et quel langage tenir pour résister à leurs adversaires naturels, et surtout pour comprimer l'essor de cet esprit novateur qui menaçoit visiblement de saper et de détruire jusqu'à la dernière base de la religion chrétienne. C'est ainsi que la doctrine dés points fondamentaux, que le ministre Jurieu regardoit comme le palladium de la réforme, s'écroula bientôt devant le génie de Bossuet et devant la logique des protestans eux-mêmes. De quel droit, lui disoit-on, osez-vous prescrire à vos semblables des articles de foi que rien ne justifie? de quel droit osez-vous condamner ceux qui ne veulent pas admettre la doctrine de vos points fondamentaux? de quel droit venez-vous nous commander l'obéissance, et quelle est votre singulière mission? Chaque homme est libre de professer la croyance qu'approuve sa raison et qui plaît à son cœur, ou les protestans qui contestèrent l'autorité de l'Eglise catholique et qui ne craignirent pas de faire avec elle un courageux divorce, ont été les plus coupables et les plus insensés de tous les hommes, et nous devons abandonner leur cause avec les sentimens d'un profond repentir et d'une sainte indignation. Renoncez donc à vos articles fondamentaux ; hâtez-vous de proclamer la doctrine du libre examen, ou bien courez promptement vous jeter aux genoux du Souverain Pontife, et reconnoître à ses pieds la suprématie de l'homme que vous ne rougissez par d'appeler Antechrist.

Il étoit facile de prévoir que la doctrine des points fondamentaux ne seroit pas d'une longue durée. Jurieu lui-même, avant de mourir, eut la douleur de la voir abandonner par un grand nombre de ses disciples, et la réforme continua d'avancer dans les chemins perdus de l'erreur. Les catholiques, et même plusieurs protestans, lui prouvoient d'une manière victorieuse qu'ayant détruit dans sa folie le salutaire principe de l'autorité, il ne lui restoit aucun moyen de se faire obéir; que chacun de ses disciples étoit libre de rejeter ou d'admettre les interprétations diverses qu'elle donnoit à l'Ecriture, et qu'en un mot son fatal système conduisoit nécessairement, en définitive, à l'indifférence absolue de toutes les religions. Ce raisonnement sans réplique auroit dû la convaincre et l'éclairer ; mais de fâcheuses préventions, des préjugés funestes, et par-dessus tout l'orgueil si naturel au cœur humain, l'empêchèrent de proclamer sa défaite et la jetèrent enfin dans un parti désespéré. Lasse de lutter sans succès contre l'esprit qui l'avoit produite, elle ne parla plus ni de profession de foi, ni d'articles fondamentaux; confondue par la tradition des premiers siècles qu'elle avoit d'abord invoquée; vaincue par l'autorité des Conciles qu'elle avoit eu l'imprudence d'appeler à son secours; terrassée par le témoignage unanime des saints Pères qu'elle avoit osé travestir; honteuse, enfin, de tant de combats humilians pour elle, la réforme récusa tout à la fois et les Pères, et les Conciles, et l'histoire, et la tradition; et, forcément entraînée par les conséquences de sa doctrine, elle fit une déclaration dernière que l'on peut considérer à juste titre comme son véritable arrêt de mort. La réforme ne pouvoit pas sortir de cette alternative; il falloit reconnoître le principe d'autorité qu'on avoit détruit, ou proclamer la doctrine du libre examen et de l'absolue indépendance de la raison privée. Reconnoître le principe d'autorité, c'étoit accorder la victoire à la religion du Pape que l'on avoit en horreur; c'étoit convenir qu'en rompant avec Rome on avoit eu le tort le plus grave et le plus criminel; c'étoit confesser que sans la dernière inconséquence il n'étoit plus permis de rester protestant. La réforme prit donc le funeste parti de couronner une aveugle et trompeuse raison, et de la proclamer l'arbitre suprême des croyances et le juge infaillible de la foi. Admettre un pareil système, c'étoit renverser la dernière base de la religion chrétienne. En effet, si chaque homme est libre, sans manquer à sa conscience, de rejeter avec dédain tout ce que sa foible raison ne peut saisir et comprendre, n'est-il pas évident qu'on est obligé d'absoudre toutes les erreurs possibles et l'athéisme lui-même, qui est le dernier terme où puissent descendre les égaremens de l'esprit humain? C'est là ce que l'immortel Bossuet prouva jadis aux protestans avec toute la force de sa foudroyante logique; il leur annonça d'une voix éloquente les inévitables conséquences de leur funeste rébellion; il leur prédit avec l'accent du génie que la réforme amèneroit en Europe la ruine de toutes les croyances religieuses. Nous verrons dans un instant que les prédictions du grand homme sont à la veille de s'accomplir, que si les protestans ne veulent pas renoncer au titre de chrétiens, ils doivent s'empresser d'accourir au sein de l'Eglise qu'ils ont tant affligée, qui les recevra toujours avec les transports d'une sainte allégresse, et qui seule possède, dans le salutaire principe d'autorité, les moyens de sauver l'Europe des progrès alarmans de l'irréligion.

Quoique la réforme renfermât dans le principe qui l'avoit enfantée le germe qui devoit produire sa dissolution complète, néanmoins ce germe fatal avoit besoin du temps pour se développer dans toute son étendue. L'homme, en dépit des passions qui l'agitent, est dans l'heureuse impuissance de pouvoir étouffer dans son esprit toutes les vérités à la fois. La conscience qu'il tient de ses pères lutte pendant long-temps contre les sophismes d'une raison corrompue et d'un cœur dépravé. Les principes de l'enfance se gravent dans le cœur d'une manière vive et profonde; on peut les altérer sans doute, mais les détruire, jamais. S'il est des hommes qui parviennent à douter de l'immortalité de l'ame, après avoir eu jadis le bonheur de croire à la vérité du Christianisme, ce sont là de tristes et de rares exceptions, et des cœurs mal nés peuvent seuls nous en offrir de malheureux exemples. L'histoire de la réforme place dans tout son jour cette incontestable et consolante vérité. Ses premiers disciples, encore fortement imbus de la doctrine chrétienne, ne firent que des pas timides dans le chemin du crime et de l'erreur. En lisant leurs ouvrages on reste avec la conviction parfaite qu'ils ne révoquèrent jamais en doute une foule de vérités que leurs successeurs devoient attaquer avec une sacrilége audace. Luther croyoit certainement à la présence réelle, que Calvin nia bientôt après; et Calvin lui-même ne croyoit pas moins à la divinité de Jésus-Christ, que ne veulent pas admettre la plupart des protestans de nos jours. L'erreur a ses degrés comme le vice, et comme on ne devient pas tout à coup un voleur de grands chemins, on ne passera jamais subitement du Christianisme à la doctrine épouvantable du matérialiste et de l'athée.

Quoi qu'il en soit, la réforme, en secouant le joug de l'autorité religieuse, avoit introduit dans le monde un principe d'anarchie qui tôt ou tard devoit produire d'horribles convulsions et d'effroyables déchiremens. La société religieuse ressemble parfaitement à la société politique; dès qu'elle manque de gouvernement pour la conduire, d'affreuses discordes sont inévitables, parce qu'alors tous les individus prétendent commander, et que personne ne veut plus obéir. L'Eglise catholique est forte contre les innovations, parce qu'elle n'a pas abdiqué le droit de prescrire et d'exiger l'obéissance. Mais la réforme, sans se mettre en opposition manifeste avec sa doctrine, ne doit pas et ne peut pas condamner la révolte de ses propres enfans; car ses enfans ont le même droit qu'elle eut elle-même, et si les pères ont pu résister sans crime aux décisions de l'Eglise catholique, pourquoi leurs descendans seroient-ils coupables de suivre un tel exemple et de résister également à leur tour?

La réforme compta dès le principe de nombreux et de chauds partisans; elle devoit naturellement plaire à tous les hommes corrompus, parce qu'elle favorisoit les passions du cœur, et qu'elle émancipoit l'immense orgueil de l'esprit.

Elle prouva, depuis les premiers jours de sa naissance, combien le dogme influe sur la morale, et combien il est nécessaire de bien croire pour être capable de bien agir. A peine eut-elle paru qu'elle se distingua par un esprit d'opposition à l'égard de l'autorité politique. Partout où les gouvernemens eurent l'imprudence de la laisser introduire, elle ne tarda pas d'agiter les peuples et de semer la discorde. Les longs troubles de l'Allemagne, et les guerres civiles de France nous fournissent la preuve d'une semblable vérité! Elle manifesta, depuis son origine, un penchant décidé pour les idées républicaines; et pour s'en convaincre il suffit d'avoir les plus légères notions sur l'histoire du seizième siècle. Si la réforme ne réalisa pas ses rêves démocratiques, ce n'est pas la volonté qui manquoit à ses chefs, mais la force que réclamoit une telle entreprise. Il est tout simple qu'après avoir détruit le principe d'autorité dans la société religieuse, elle voulût également l'abolir dans la société politique. Si, pour le choix de sa religion, l'homme n'a que lui-même à consulter, pourquoi seroit-il contraint de subir un gouvernement qui peut lui déplaire? Si tous les hommes naissent égaux et libres, n'est-il pas évident qu'aucun d'eux ne peut commander aux autres sans commettre une véritable usurpation, et sans exercer une véritable tyrannie? Si l'homme est indépendant par son intelligence, qui pourroit enchaîner son consentement et lui prescrire des devoirs?

De tels raisonnemens, on ne peut le nier, découlent naturellement du principe fondamental admis par la réforme protestante. Si néanmoins le développement de ces conséquences n'eut pas lieu dans toute son étendue, c'est que de semblables maximes blessoient d'une manière trop choquante l'antique opinion des peuples sur le caractère de la souveraineté, c'est que l'Europe, élevée dans une espèce de culte pour les maîtres de la terre, ne pouvoit tout à coup fouler ce culte à ses pieds, et que les hommes assez audacieux pour tenter une révolution pareille, rencontrèrent d'ailleurs dans plusieurs gouvernemens une résistance énergique qui comprima leurs efforts. Mais le dogme de la souveraineté du peuple n'en étoit pas moins renfermé dans la doctrine protestante, et tôt ou tard ce dogme effroyable devoit en sortir pour agiter le monde et pour lui faire craindre une entière dissolution. Voilà pourquoi nos libéraux ont tous un penchant irrésistible pour une doctrine semblable; voilà pourquoi les insensés appellent un schisme au sein de cette belle France dont ils ont juré la perte; mais le schisme n'est plus possible aujourd'hui; les Français sincèrement chrétiens resteront catholiques, et ceux qui n'ont pas le bonheur de croire à la vérité du Christianisme ne deviendront pas protestans, ils resteront ce qu'ils sont au milieu de nous, ils seront matérialistes, athées, ou plutôt ils ne seront rien. Je sais que les habiles du parti comptent sur la défection d'une grande partie du Clergé, et qu'ils prétendent amener cette défection à l'aide des libertés de l'Eglise gallicane. Mais en cela, sans doute, ils se trompent grossièrement comme sur tant d'autres points; l'illustre Clergé de France a trop de lumières, et surtout trop de vertus pour donner misérablement dans un piége semblable. Le Gallicanisme, entendu dans un sens catholique, ne signifie absolument rien, et par conséquent il ne peut conduire à l'hérésie. Entendu dans le sens des libéraux, il est formellement hérétique, et le clergé de France le repousseroit avec horreur. Mais quoi qu'il en soit, il faut le dire en passant, le Gallicanisme n'en est pas moins un sujet d'espérance coupable pour les ennemis de la religion, et par cette considération seule, l'Eglise de France s'empressera, n'en doutons pas, d'effacer de son front glorieux et couvert de cicatrices, cette marque de désunion qui fait tressaillir d'une secrète joie tous les partisans de la discorde et de l'incrédulité. Cette Eglise immortelle, n'en doutons pas non plus, pensera bientôt comme elle a toujours agi, et de concert avec tous les Chrétiens répandus dans les deux hémisphères, elle finira par se réunir sans aucune dissidence au successeur de Pierre, au Pontife éternel, au Vicaire de Jésus-Christ, sur la tête duquel reposent toutes les promesses, et qui seul a reçu dans l'Evangile l'auguste prérogative de confirmer ses frères dans la foi. Par-là seront déjouées les espérances d'une folle et criminelle philosophie; par-là nous conserverons dans son intégrité la divine religion de nos ancêtres; par-là nous conserverons le feu sacré que des malheureux brûlent d'éteindre au milieu de nous. Que le Clergé repousse avec une sainte horreur les perfides caresses d'une faction qui voudroit l'avilir; qu'il se tienne debout, les mains fortement appuyées sur la chaire de saint Pierre; que l'idée d'une seule concession le transporte d'une indignation généreuse, et l'enfer ne prévaudra jamais contre lui, et la Providence veillera sur ses destinées, et c'est par lui que Dieu sauvera la France, après la révolution terrible qui se prépare, et qui va bientôt éclater parmi nous. Mais revenons à notre sujet.

Si la France ne devint pas protestante, grâces aux enfans de saint Louis, qui surent la préserver d'un malheur pareil, il n'en fut pas ainsi de l'Angleterre. Henri VIII, qui peut-être eût honoré le trône sans la passion qui l'égara et qui le perdit, Henri VIII devint le fondateur de la réforme dans sa patrie. Ce Prince ne manquoit ni d'esprit, ni de connoissances; il détestoit même les innovations religieuses, puisqu'il ne dédaigna pas d'écrire contre elle et de se mesurer personnellement avec Luther. Mais un amour désordonné l'emporta sur les devoirs de sa conscience et sur les raisons de sa politique. Ce Monarque adultère, irrité contre le Pape qui refusoit d'approuver un scandaleux divorce, ne craignit pas de rompre avec l'Eglise romaine, et d'entraîner son peuple dans sa détestable apostasie. En secouant l'autorité du Souverain Pontife, il n'oublia cependant pas les intérêts de la royauté ; il fit tout pour sauver de l'anarchie la société religieuse qu'il venoit d'établir ; il se déclara le chef de son Eglise, et secondé par son lâche Cranmer, il parvint à faire reconnoître sa suprématie avec une facilité qui nous surprend encore aujourd'hui. Il n'imita pas les novateurs du continent, qui ne conservoient plus aucun centre d'unité, et qui, par conséquent, ne possédoient aucuns moyens d'arrêter le torrent des innovations religieuses. En rompant avec le Pape, il n'entendoit pas détruire le principe d'autorité; il formoit, au contraire, la folle espérance de le maintenir en le déplaçant. La suprématie, au lieu de résider dans le Pape, ne faisoit que passer entre ses mains; et ce malheureux Prince, usurpant la tiare, ne vit pas, ou ne voulut pas comprendre qu'il venoit de porter au diadème une atteinte mortelle. Qui pourroit méconnoître dans l'erreur une logique puissante et terrible? Dès que l'homme s'écarte de la vérité, une force irrésistible le pousse en avant, et ne lui permet plus de s'arrêter dans les voies de la perdition; il faut toujours, et souvent malgré lui, qu'il arrive tôt ou tard au dernier terme de l'erreur; il n'y a pas de milieu possible et durable entre la doctrine du catholique et celle du matérialiste ou de l'athée. Si la société détruit le principe d'autorité, qui seul peut rendre une religion, une, invariable et forte, il faut qu'elle se précipite dans la doctrine du libre examen; et comme la raison, qui devient par-là l'unique juge en matière de foi, ne comprend rien d'une manière parfaite, il en résulte que cette raison superbe ébranle, nie et renverse successivement toutes les vérités qui se trouvent sur son passage.

L'Eglise anglicane, en conservant un chef, en respectant la hiérarchie ecclésiastique, le Pape écarté, sembloit en vain constituée d'une manière forte et durable. Henri VIII n'en avoit pas moins détruit le principe d'autorité; car le déplacer, c'étoit en effet le détruire. La suprématie du Pape reposoit, dans l'esprit des peuples, sur une base éternelle et divine; elle dérivoit, selon l'Evangile et la tradition, de l'autorité même de Jésus-Christ, dont l'auguste mission n'avoit pas encore été contestée par une exécrable philosophie. Le roi d'Angleterre, trop bien secondé par un Episcopat servile et prévaricateur, ne songea pas qu'en secouant le joug salutaire du Souverain Pontife, il montroit à son peuple qu'on pouvoit se rendre indépendant de l'autorité, et qu'il donnoit l'exemple d'une insubordination qui devoit nécessairement ébranler le trône de ses successeurs. Puisqu'on avoit pu détruire la suprématie du Pape, pourquoi seroit-on contraint de respecter celle du Roi ? Si la suprématie du Pape étoit nulle aux yeux de la raison, pourquoi celle du prince ne le seroit-elle pas également ? de quel droit le Monarque s'étoit-il emparé de la dictature suprême en matière de religion ? Quelle étoit sa mission pour avoir l'audace de ceindre la tiare et de commander aux consciences ? Le Pape, du moins, pouvoit alléguer en sa faveur plusieurs passages de l'Evangile, ainsi que l'imposant témoignage de l'Eglise universelle : mais sur quels titres sacrés, sur quelle autorité respectable le Roi pouvoit-il fonder sa téméraire entreprise et sa ridicule prétention ? De semblables raisonnemens étoient si naturels, que le peuple devoit les faire, et qu'il les fit en effet. Ne donnons pas l'exemple de la révolte, si nous voulons être obéis, et ne consacrons jamais des principes qu'on pourroit nous opposer un jour. La marche de l'erreur est toujours conséquente ; une fois introduite dans le monde, il faut qu'elle achève sa course et qu'elle accomplisse sa destinée, qui est de remuer la terre, d'agiter les nations et d'ébranler les empires.

Henri put déjà pressentir lui-même les suites de sa fatale et criminelle imprudence ; son Eglise nationale perdit, avant la mort même de ce malheureux prince, le caractère d'unité qu'il se flattoit vainement d'avoir préservé de toute atteinte. Malgré son despotisme ombrageux, malgré la surveillance de son exécrable Cranmer, de nombreux dissidens se faisoient déjà remarquer de toutes parts, et déjà l'on rioit de la suprématie du prince, comme on avoit ri naguères de l'autorité du Souverain Pontife.

Les Anglais, protestans sous Henri VIII et sous Edouard, redevinrent catholiques sous le règne de l'infortunée Marie. Mais ce peuple singulier, qui sembloit changer de croyance au gré des souverains qui le gouvernoient, rétracta bientôt son abjuration sous le règne de la fameuse Elisabeth. Cette digne fille de Henri VIII devoit naturellement détester une Eglise qui ne pouvoit légitimer sa naissance; née d'un commerce adultère, elle étoit sans aucun droit pour monter sur le trône de la Grande-Bretagne. L'intérêt de sa politique fut donc seul écouté, et l'Angleterre cessa pour la seconde fois d'appartenir à la véritable société des chrétiens. Cette princesse, si follement célébrée par la philosophie, avoit conçu tant d'aversion pour les croyances

de

de ses ancêtres, qu'on ne peut lire sans frissonner d'horreur le lamentable récit des cruautés qu'elle exerça contre les malheureux catholiques. On seroit tenté de croire que le code de ses lois atroces fut écrit par la main du bourreau. Implacables ennemis de l'inquisition, nous direz-vous encore maintenant que l'intolérance est l'unique partage de l'Eglise romaine ? Oserez-vous encore nous soutenir que les protestans ne furent jamais persécuteurs ? Pourrez-vous comparer sans rougir les abus de l'inquisition d'Espagne avec les tortures et les supplices qu'ordonna et que fit exécuter en Angleterre la reine barbare, objet de votre culte et de votre stupide admiration ? Lisez l'histoire, et s'il vous reste quelques sentimens de justice, d'honneur et d'impartialité, cessez de bénir la mémoire d'une sanguinaire princesse, et convenez avec nous que la vérité est encore moins intolérante que l'erreur.

Mais c'est en vain qu'Elisabeth employa tout son pouvoir afin de maintenir l'unité dans les nouvelles croyances de sa patrie, l'appareil des tortures étoit impuissant pour comprimer les débordemens de la licence, et l'Eglise anglicane alloit chaque jour se divisant en mille fractions opposées. La suprématie royale n'avoit d'autre appui que le bras de la force, et la conviction des peuples ne l'environna jamais. Il est évident qu'en cessant de croire au principe de l'autorité religieuse, le maintien de l'unité devenoit une absurde chimère, que chacun ne devoit plus suivre que les caprices d'une raison superbe et trompeuse, et qu'ainsi le Christianisme devoit rapidement s'altérer, se dissoudre et s'anéantir.

Comme nous le disions tout à l'heure, du mépris de l'autorité religieuse il n'étoit qu'un pas au mépris de l'autorité politique ; car toutes les deux ont un seul et même fondement, car toutes les deux doivent reposer sur la doctrine du droit divin, ou périr au milieu de l'anarchie qu'enfante nécessairement le principe d'une absolue indépendance. La vénération dont le Christianisme avoit entouré la majesté royale s'altéroit insensiblement dans l'esprit des peuples, et la raison, que les protestans avoit proclamée l'unique souveraine de l'homme, cita bientôt les rois de la terre à son orgueilleux et barbare tribunal. Captivée par les attraits d'une liberté chimérique, la raison mit en problème l'auguste origine de la souveraineté ; l'Angleterre tomba dans d'horribles convulsions, et bientôt Charles I.er expira sur l'échafaud. Avant cette époque, des rois, sans doute, avoient rencontré des assassins ; mais la mort de Charles I.er fut le premier exemple d'un assassinat juridique. Jamais, avant cette époque, on n'avoit eu le spectacle d'un peuple s'arrogeant le droit de mettre son monarque en jugement.

On a prétendu, je le sais, que l'Angleterre n'avoit pas jugé ce malheureux prince en vertu de la doctrine sur la souveraineté du peuple ; mais cette fausse opinion ne changera pas la mienne, ni celle de tous les hommes qui connoissent l'histoire de cet infortuné pays. Je le demande, en effet, si les croyances catholiques sur la nature du pouvoir n'avoient pas été détruites en Angleterre, ou du moins fortement altérées, ce crime affreux auroit-il épouvanté le monde, et la seule pensée de le commettre n'auroit-elle pas révolté le parlement ? Si, comme la religion catholique n'a cessé de l'enseigner aux hommes, le parlement avoit vu dans son Roi le représentant de Dieu lui-même sur la terre, n'est-il pas évident que jamais il n'auroit eu le courage de porter une main parricide sur la tête d'un homme inviolable et sacré ? Où trouvera-t-on la cause de cet exécrable attentat, si ce n'est dans le mépris des anciennes maximes et dans l'application des doctrines nouvelles qu'avoit enfantées la réforme protestante ? Sans doute alors on n'avoit pas encore débité sur la nature du pouvoir toutes les sottises professées par nos modernes publicistes ; on n'avoit pas encore approfondi la science du mal, et les idées de l'Europe à cet égard étoient encore des notions foibles, incohérentes et confuses ; mais il n'en est pas moins vrai que le mépris de l'autorité pouvoit seul conduire un peuple au régicide, et que ce mépris funeste avoit pris sa source dans les principes de cette réforme tant et si ridiculement vantée. Il est palpable qu'en détruisant la suprématie dans l'ordre religieux, le contre-coup étoit inévitable, et qu'il devoit saper les fondemens du pouvoir dans l'ordre politique et civil.

Si la réforme ne produisit pas les mêmes résultats en France, c'est que sa doctrine y fut comprimée par le gouvernement. Mais quoique ce beau royaume demeurât fidèle à la sainte religion de ses pères, il n'en est pas moins vrai que plusieurs maximes protestantes s'introduisirent dans l'esprit des parlemens et dans le cabinet des hommes d'état. Le clergé lui-même ne fut pas à l'abri d'une certaine contagion, et sans le croire, peut-être, il altéra par sa condescendance les liens sacrés qui l'attachoient à l'unité catholique. On ne brisa pas cette unité, on ne secoua pas l'autorité du Pape, mais on essaya de poser des bornes à son auguste suprématie.

Il est encore impossible de méconnoître la secrète influence de la réforme dans l'apparition de l'hérésie la plus singulière qui fut jamais. Le Pape condamne les cinq fameuses propositions de Jansénius; l'Eglise entière approuve la sentence, et cependant les disciples de Jansénius protestent contre cet arrêt solennel. Ils n'imitent pas les protestans qui s'étoient séparés de l'Eglise; mais en dépit de l'Eglise ils prétendent rester catholiques : on n'avoit encore rien vu d'aussi fort, d'aussi étrange, ni d'aussi monstrueux.

L'histoire du seizième et du dix-septième siècle nous montre l'Europe travaillée par des idées nouvelles qui devoient bientôt se développer avec une effrayante énergie. Le mépris de l'autorité perçoit dans une infinité de circonstances, et les hommes sages de cette époque entrevoyoient déjà l'avenir sous les plus sombres couleurs ; Leibnitz fit entendre à cet égard des accens prophétiques qui ne sont pas oubliés ; Bossuet nous signaloit avec assurance les tempêtes qui se formoient dans le lointain, et Bayle lui-même avoit compris les conséquences de cet esprit de vertige et d'erreur qui s'efforçoit de détruire le principe d'autorité pour confier le sceptre du monde aux mains d'une raison presque toujours foible, aveugle, ou passionnée. Le chapitre suivant va nous prouver combien leur vue étoit clairvoyante, et dans quels égaremens l'homme se précipite lorsqu'il ne craint pas d'émanciper son orgueil et de proclamer son absolue indépendance.

CHAPITRE III.

DE LA PHILOSOPHIE.

Le Christianisme, dénaturé par les principes de la réforme, alloit s'affoiblissant de toutes parts ; chaque génération démolissoit quelques pièces de l'édifice religieux, et deux siècles étoient à peine écoulés, que déjà le Christianisme se trouvoit méconnoissable. Il est évident que la réforme ne devoit pas enfanter le déisme immédiatement après sa naissance, car la société ne se dépouille jamais tout à coup des opinions qu'elle a reçues des temps antérieurs. Le cœur est là qui résiste long-temps à tous les sophismes de l'esprit, et l'anéantissement d'une religion quelconque n'est jamais l'ouvrage d'une seule, ni même de deux ou trois générations ; il faut des siècles pour l'accomplir, et des siècles encore pour effacer les dernières traces de la croyance primitive. La Réforme précipitée dans le système du libre examen par la seule force de l'erreur qui l'entraînoit, ne conservoit aucuns moyens de défendre le Christianisme contre l'attaque des ennemis de la révélation. Le déiste, en s'emparant de ses propres armes, nia l'autorité de l'Ecriture, comme elle-même avoit nié l'autorité de l'Eglise. Comme le protestant ne vouloit pas comprendre la nécessité d'obéir à l'Eglise, le déiste cessa de concevoir l'obligation de croire et d'obéir à l'Ecriture. Le premier disoit : Il est ridicule d'enchaîner la raison de l'homme et de la soumettre au jugement d'autrui. Mais en même temps le Christianisme a des caractères de vérité si grands, si frappans, si parfaitement inimitables, qu'il est impossible à la raison de rejeter le témoignage de l'Ecriture, et de ne pas chercher dans ce livre sacré la règle de sa conduite et l'interprète de sa foi. Le déiste s'écrioit à son tour : Puisque la Bible ne peut être interprétée, selon vous, que par les lumières de la raison, il en résulte que la raison demeure en définitive l'unique souveraine de nos croyances. Or, en lisant la Bible, je trouve obscur ce qui vous paroît clair, absurde ce qui vous semble sage ; et si vous apercevez dans ce livre le témoignage d'une révélation, quant à moi j'y découvre la preuve qu'elle n'exista jamais. Le protestant crioit vainement à la démence du déiste, à son aveuglement, à sa mauvaise foi. Le déiste répondoit par un langage analogue, et le protestant n'avoit aucuns moyens de le battre, de le convaincre, et même de le condamner. Dès que l'homme reste le maître de sa foi, tout symbole commun devient une dérision véritable. Si le déiste s'égare en effet, le protestant peut le plaindre, mais il doit aussi l'absoudre ; le catholique seul a droit de le blâmer et de réprouver sa doctrine, parce que seul il admet une autorité supérieure à la foible raison de l'homme.

La nation française, malgré les aberrations de quelques-uns de ses membres, tenoit encore trop fortement au principe de l'autorité, pour entendre sans frémir les insensés qui seroient venus proclamer au milieu d'elle la souveraineté de la raison individuelle. Ce fut en Angleterre, dans ce pays où l'autorité de l'Eglise n'étoit plus qu'un dogme politique, dans ce pays où régnoit la liberté de la presse, qu'on vit paroître le déisme, et se former cette école anti-chrétienne qui devoit un jour conquérir de nombreux disciples, non-seulement en Angleterre, non-seulement en France, mais dans l'Europe entière, et même au-delà. C'est donc l'Angleterre qui nous a pervertis, et si cette grande nation ne se hâte pas de revenir à l'unité, de réparer par cette conduite le mal qu'elle nous a fait, qu'elle tremble, avec toute sa puissance ; son châtiment sera grand et terrible, sa misère deviendra si profonde que le monde n'aura jamais rien vu de pareil. Des insensés pourront sans doute rire de cette triste prédiction, sans doute ils pourront nous traiter de rêveur, de fanatique et de visionnaire ; mais laissons-les dire et moquons-nous de leurs sottes railleries. L'homme qui juge des choses humaines dans l'ordre admirable de la Providence, a la certitude de ne pas se tromper, et sans être prophète il peut annoncer des événemens que l'incrédule ne soupçonnera jamais. Il est certain, et l'histoire le prouve jusqu'à l'évidence, les nations, qui forment un corps moral et qui ne peuvent recevoir dans un autre monde les châtimens qu'elles ont mérités, ont toujours été punies d'une manière temporelle, et visible pour tout homme qui sait voir, réfléchir et comprendre.

Cependant l'action secrète de la réforme continuant d'ébranler en France les sages maximes de l'antiquité chrétienne, il en résulta que la France se trouva mûre, au milieu du siècle dernier, pour entendre sans frémir les leçons du déiste, qui jadis auroient excité chez elle un sentiment général d'indignation, de surprise et d'horreur.

Ce qui facilita le triomphe de cette fausse doctrine, ce fut l'effroyable corruption de la Régence, époque fatale à la monarchie, jours de licence, de vertige et d'impunité. Philippe d'Orléans étoit l'un de ces hommes qui semblent nés pour le mal, et qu'une espèce de réprobation paroît condamner à d'épouvantables égaremens. Louis XIV, ce monarque aussi grand dans ses malheurs qu'admirable au faîte des prospérités humaines, cet illustre prince à qui personne ne contestera jamais le tact le plus fin et le plus délicat, Louis XIV l'avoit bien connu, et ce n'est pas sans raison qu'il l'appeloit un *fanfaron de crimes*, et qu'à son lit de mort, au moment de comparoître devant le Juge des rois, plein d'amour pour son peuple et de prévoyance pour l'avenir, il l'avoit privé des droits qu'il tenoit de sa naissance.

A peine Philippe eut-il fait casser le testament du grand monarque, à peine fut-il en possession du pouvoir, qu'il justifia complètement les craintes de ce prince clairvoyant, qui sans doute eut d'inexcusables foiblesses, mais auquel, néanmoins, il est impossible de refuser une juste admiration. La cour du Régent devint l'asile de la licence la plus effrénée; et comme les princes qui veulent le mal ne sont malheureusement que trop bien secondés dans leur délire, les grands seigneurs s'efforcèrent d'imiter Philippe, dans le but de captiver ses bonnes grâces, et firent tout pour se montrer aux yeux de leur maître, plus dépravés et plus méchans encore qu'ils ne l'étoient réellement. Le libertinage devint à la mode, et comme il a besoin d'excuses pour légitimer son empire, la religion qui le condamne ne tarda pas d'être à la cour un objet de dérision, de raillerie et de mépris. L'exemple des grands de la terre étant contagieux, la corruption descendit bientôt des classes supérieures de la société, et la règle du bon ton fut bientôt, dans tout Paris, de n'avoir ni vertus, ni mœurs, ni principes, ni conscience. L'histoire de cette funeste époque nous prouve jusqu'à l'évidence combien il importe aux princes qui ne veulent pas compromettre leurs plus chers intérêts, d'avoir des mœurs pures, et de frapper l'immoralité du sceau de la réprobation, en menant une vie irréprochable aux yeux d'un monde qui les flatte, mais qui les épie.

Ce fut alors que l'esprit d'irréligion se répandit dans un empire autrefois si loyal et si chrétien. C'est alors que débuta Voltaire, cet écrivain né pour corrompre entièrement les générations suivantes; ce fut alors que le poète philosophe fit entendre pour la première fois des vers impies sur la scène qu'avoient immortalisée les chantres de Polyeucte, d'Athalie et d'Esther. Vivement applaudi par des spectateurs corrompus, flatté par les grands, caressé par les femmes, Voltaire comprit que pour se faire une réputation brillante il lui suffisoit d'afficher la licence et d'embellir les dangereuses maximes de l'incrédulité. Il faut le dire en passant, quoique cet homme eût un fonds de perversité qui consterne tous les cœurs généreux, jamais, sans doute, il n'auroit flétri son génie par tant de monstrueuses productions, s'il avoit eu le bonheur de vivre dans un autre siècle et dans de meilleures circonstances. Il aimoit trop la gloire pour avoir l'affreux courage de pervertir sa patrie, si cette aveugle patrie n'avoit pas encouragé ses premiers égaremens. Comme il faut être juste avant tout, hâtons-nous de présenter cette excuse, si quelque chose peut excuser l'homme méchant qui sape sans frémir toutes les bases des sociétés humaines. Quel homme de bien pourra lui pardonner ce poème infâme dans lequel il épuise toutes les saillies de la débauche et tous les quolibets d'un esprit satirique, impie et dépravé? Quel homme sensé voudroit l'absoudre en lisant le *Dictionnaire philosophique* dans lequel il s'étudie à renverser toutes les traditions et toutes les doctrines sociales? Quel bon citoyen ne seroit pas transporté d'une sainte indignation et d'une invincible horreur, quand il l'entend sans cesse dénigrant les hommes les plus vertueux et se moquant des institutions les plus sages; quand il le voit sans cesse vomissant des torrens de fiel et de ridicule sur tous les objets de la vénération publique, et, par l'excès d'un cinisme épouvantable, consternant l'œil même du plus effréné libertin? Ne diroit-on pas qu'il a puisé dans les enfers le feu de son brûlant génie, et qu'il écrivit plusieurs de ses ouvrages sous la dictée de Satan? Qui pourra dire les maux qu'il nous a causés? Qui pourroit nous peindre les effroyables calamités que sa démence doit appeler encore sur les peuples de l'Europe assez aveugles pour chérir ses funestes productions ? D'autres écrivains avoient scandalisé le monde ; mais néanmoins jamais depuis la création de l'univers on n'avoit rien vu de comparable à cette rage qui n'a pas de nom parmi les hommes. On voit qu'il se plaît dans la fange, et que le blasphème est le langage de son cœur. Dans le but exécrable de pervertir la race humaine, il ment avec une impudence qui révolte ; il falsifie l'histoire avec une audace qui soulève l'indignation ; il travestit les passages les plus authentiques, sans remords, sans crainte et sans pudeur ; il embellit de tous les charmes du style les tableaux les plus infâmes et les peintures les plus dégoûtantes ; il se vautre dans la boue, et distille le fiel avec une ivresse difficile à comprendre ; c'est en célébrant le vice que ses phrases paroissent couler avec plus d'harmonie, et le génie du mal semble l'embraser de tout son délire et de toutes ses fureurs. Ce qui le rend dangereux au-delà de tout ce qu'on peut croire, c'est l'arme du ridicule qu'il manie avec une étonnante facilité ; il déconcerte la vertu par ses piquantes railleries ; il émousse toutes les forces du raisonnement par son ton de sarcasme, de badinage et de légèreté ; il se retourne, il se replie dans tous les sens pour déchirer, mordre ou séduire ; infatigable Protée, audacieux caméléon, il change de figure avec un art magique ; il fait un monstrueux mélange du bien et du mal, de l'erreur et de la vérité, du vice et de la vertu ; il échappe par un trait d'esprit à l'horreur qu'il venoit d'exciter dans tous les cœurs honnêtes ; un style clair, élégant et facile le met à la portée de toutes les intelligences, et les productions d'un tel écrivain suffiroient seules pour corrompre les habitans de la terre entière. Malheur aux gouvernemens qui laisseront librement circuler les écrits de cet homme dangereux ! Malheur aux pères de famille qui n'élèveront pas leurs enfans dans la haine de ce professeur de débauche et d'irréligion ! Malheur aux jeunes gens qui pourroient en soutenir la funeste lecture ! Malheur, cent fois malheur à la nation qui ne rougiroit pas d'en faire son idole !

Ce fut en Angleterre que Voltaire alla puiser cette espèce de rage qui le transporte à la seule idée du Christianisme ; ce fut dans les déistes anglais, dans les Collins et dans les Tindal, qu'il alla chercher la plupart de ses argumens contre les saintes croyances de nos aïeux ; ce fut sur les bords de la Tamise qu'il se perfectionna dans l'art de séduire les hommes, de les pervertir et de les égarer. Mais ce fut dans son ame profondément corrompue qu'il trouva cet art infernal d'embellir les sophismes des autres et de surpasser l'horrible perversité de ses modèles ; mais ce fut dans son cœur plein d'envie, de haine et de luxure qu'il prit l'affreux courage de flétrir la pudeur, d'outrager la vertu, de détruire en riant et les mœurs qui font la gloire des nations, et les principes qui en assurent l'indépendance, et les doctrines religieuses qui seules peuvent en garantir l'honneur, la paix et la félicité. Le fanatisme anti-chrétien qui le dévore, loin de s'affoiblir avec les années, semble au contraire devenir plu. ef-frayant à mesure qu'il approche du tombeau. Le souvenir de sa fin dernière, loin d'épouvanter ses longs débordemens, ne fait qu'irriter cette rage qui le tourmente; et tel qu'un nouveau Capanée, il semble défier la foudre et braver les anathèmes du vengeur éternel. On seroit tenté de croire que c'est un être malheureux dévoué par le Ciel à l'empire des démons, et qu'une malédiction inexplicable et terrible pèse déjà de tout son poids sur la tête de ce criminel écrivain.

Cependant, sans l'ébranlement général que la réforme avoit produit dans toute l'Europe, et dont l'influence avoit insensiblement altéré la force et la pureté des docrines chrétiennes, sans l'horrible dépravation de la cour du régent, sans l'impiété que cet exemple avoit mise à la mode dans un pays où la mode est toujours contagieuse, il est certain que l'opinion publique auroit écrasé Voltaire naissant, ou plutôt il est certain que son génie auroit été forcé de prendre une direction plus sage. Sans doute la masse de la nation française conservoit encore un sincère attachement pour la religion de ses aïeux, et des milliers de voix accusatrices se firent entendre pour condamner et pour flétrir les égaremens du poëte séducteur; mais il n'en est pas moins prouvé qu'un affoiblissement général se faisoit apercevoir et sentir dans les croyances nationales; que les hautes classes de la société, surtout dans la capitale, avoient dégénéré des mœurs antiques, et que le vice, dont les jouissances ont tant de charmes pour les hommes puissans, avoit détruit l'empire de la vertu dans une grande partie de cette noblesse autrefois si distinguée par ses mœurs et par sa religion. Le poëte fut donc soutenu contre la juste indignation des hommes de bien : les parlemens, il est vrai, condamnèrent ses ouvrages; mais une foule de grands seigneurs le dédommageoient, par leurs flatteries, des arrêts de la magistrature et des mépris de la cour. Le clergé tonnoit contre son audace sacrilége; mais il rioit des anathèmes de l'Eglise au milieu des adulations dont il étoit sans cesse environné.

Cependant son délire croissant avec ses années, il se vit enfin banni de sa patrie, et Louis XV ne voulut jamais entendre parler de son retour. Voltaire, qui n'auroit pas dû méconnoître l'excessive modération du gouvernement, loin de cesser ou de ralentir la guerre qu'il avoit entreprise contre les lois, les institutions et les croyances de son pays, Voltaire parut se multiplier pour

accomplir

accomplir l'œuvre de leur funeste destruction. Jamais écrivain ne connut mieux le caractère français ; il savoit que la plaisanterie est une arme puissante en France, et qu'en faisant rire il étoit sûr de se faire absoudre ; il écrivoit avec cette légèreté qui charmera toujours le plus gai et le plus spirituel de tous les peuples, avec cette élégance qui flatte son oreille et qui le séduit, avec cette facilité qui l'étonne et qui captive son admiration. Mêlant le bien et le mal par les combinaisons d'un art vraiment diabolique, il acquéroit chaque jour de nouveaux partisans dans la foule de ces hommes superficiels qui ne savent jamais rien approfondir ; il s'efforçoit de persuader, il persuadoit en effet que son but étoit d'attaquer les abus, et que, plein de respect pour les choses saintes, il n'en vouloit qu'aux accessoires dont l'ignorance les avoit défigurées. Il avoit en outre l'art perfide de flatter individuellement les princes et les grands de la terre, alors qu'il les dévouoit en masse à la risée publique, et qu'il ameutoit contre eux toutes les passions d'un vulgaire envieux et jaloux.

Un autre moyen qu'il mit en usage avec trop de succès, ce fut de mendier les adulations de tous les jeunes gens qui débutoient dans la carrière littéraire. Voltaire, dans son incroyable vanité, payoit avec usure le moindre encens qu'on lui prodiguoit, et l'on reste aujourd'hui confondu des louanges qu'il ne rougissoit pas d'accorder à des écrivains dont l'excessive médiocrité ne devoit pas échapper sans doute à la sagacité de son jugement et de son bon goût. C'est ainsi qu'il parvint à corrompre toutes les bouches de la renommée, et que, par l'espèce de dictature qu'il usurpa dans la république des lettres, il sut étouffer la voix de tous les hommes assez courageux pour attaquer et pour combattre ce géant de gloire.

Des princes malheureux, qu'éblouissoit l'éclat de cette immense réputation, recherchèrent avec empressement la familiarité de cet écrivain dangereux. C'est ainsi que Frédéric II joua longtemps auprès de lui le rôle de l'amitié, et que, pour prix de sa complaisance, ce monarque obtint le surnom de *Grand*, qui peut-être ne recevra pas l'approbation des générations futures. C'est ainsi que la fameuse Catherine se laissa caresser, dominer et séduire, et qu'en échange de son admiration, on lui décerna le titre glorieux de *Sémiramis du Nord*.

Voltaire et ses disciples essayèrent souvent d'entraîner Louis XV; mais pour cette fois la flatterie échoua complètement, et jamais Louis XV, au milieu de ses égaremens, ne perdit la répugnance naturelle qu'il avoit toujours manifestée pour le philosophe de Ferney. Voltaire se consola de l'éloignement du maître, en songeant qu'il avoit de nombreux appuis dans la cour de ce malheureux prince. Le ministre Choiseul le protégeoit d'une manière puissante ; et la courtisanne Pompadour, flattée de ses viles adulations, conjuroit secrètement l'orage chaque fois qu'il étoit au moment d'éclater. Sûr de l'impunité, ivre de gloire et d'irréligion, le poète philosophe ne garda plus aucune réserve, et sa fièvre d'impiété dégénéra bientôt en véritable frénésie. Le nom de Jésus-Christ pesoit à son orgueil, et sa démence le rendit bientôt l'ennemi personnel de cet Homme-Dieu.

Non content de corrompre l'Europe par un déluge d'écrits impies et licencieux, il forma le projet d'organiser une conspiration réelle et permanente pour déraciner entièrement la religion chrétienne du cœur et de l'esprit des peuples, et pour révolutionner tous les empires de l'univers. D'Alembert, Diderot, Marmontel et les autres disciples de la nouvelle philosophie, s'empressèrent de serrer les nœuds de cette horrible conjuration. Il seroit difficile de croire à ce projet épouvantable, si la preuve n'en étoit pas établie sur les plus irrécusables témoignages. La Providence a permis que la philosophie flétrît elle-même sa gloire usurpée, en publiant la correspondance de ses principaux fondateurs. Condorcet, pour faire honneur à ses maîtres, nous a dévoilé toute la noirceur de leurs détestables complots. En lisant les lettres de Voltaire, de D'Alembert et des autres complices, il est impossible de révoquer en doute l'existence d'une conjuration semblable. Ces mots affreux, *écrasons l'infâme*, y sont mille fois répétés; et chaque fois que la secte vient de faire une conquête ou de remporter une victoire, les conjurés s'adressent des félicitations réciproques, et l'on voit percer à chaque ligne l'infernale joie qui les animoit en écrivant. La volumineuse correspondance de ces hommes d'orgueil nous apprend avec quelle adresse ils savoient aveugler les princes, enivrer les grands et séduire la multitude; elle nous apprend avec quelle persévérance ils poursuivoient des complots une fois arrêtés, avec quel zèle ils poussoient leurs adeptes au milieu des cours, avec quelle souplesse ils savoient modifier leur langage suivant les circonstances et le caractère des personnes qui pouvoient les servir. Leurs écrits, condamnés pour la forme, circuloient pour ainsi dire publiquement, et minoient d'une manière rapide les fondemens de l'ordre social, que la réforme avoit ébranlés.

Un autre homme, moins dépravé que Voltaire, mais non moins orgueilleux, devoit aussi flétrir par sa gloire la triste célébrité du dix-huitième siècle. Doué d'un génie paradoxal, entraîné par une imagination brûlante, aigri par la misère d'une vie précaire et vagabonde, il se laissa deminer par une farouche misanthropie qui le rendit pour jamais l'implacable ennemi de la société. Frappé des abus de son temps, il se mit à rêver des chimères, et né pour aimer la vertu, il se fit l'apôtre du vice et de l'anarchie. Cet homme est J. J. Rousseau, écrivain séduisant, qui sut embellir des charmes de l'éloquence les plus fatales erreurs et les systèmes les plus monstrueux. Sans descendre aussi bas que Voltaire, il concourut puissamment au même but que lui; sans agir de concert avec le poète insensé qu'il méprisoit, sans entrer personnellement dans la conjuration tramée contre l'existence de l'autel et du trône, son influence n'en fut pas moins terrible, et l'empire qu'il usurpa dans le monde n'en fut pas moins funeste au bonheur des nations européennes.

Rousseau languissoit dans une obscurité qui tourmentoit son orgueil; et cependant jamais peut-être il n'en seroit sorti, sans le hasard qui vint tout à coup l'en tirer. L'académie de Dijon avoit mis au concours la question de savoir quelle avoit été l'influence des lettres et des sciences sur l'état de la société. Rousseau entrevit au premier coup d'œil quels traits d'éloquence il pouvoit puiser dans une question semblable. Il prévoyoit que les concurrens alloient se répandre en déclamations bannales sur l'utilité des sciences et des lettres, et, soit dans l'espérance de se faire remarquer par des paradoxes, soit pour suivre le penchant qui l'entraînoit à penser autrement que les autres, il plaida dans son discours la cause de l'ignorance, et débuta dans la carrière en dénigrant l'art sublime qui devoit le conduire à l'immortalité. Comme il s'en étoit flatté sans doute, cette production eut une vogue étonnante, et dès ce moment il fut certain de la célébrité qu'il alloit obtenir. Cet homme extraordinaire, il faut le dire pour être juste, avoit un amour sincère pour la vertu; quand il cesse d'écouter son esprit qui l'égare, et qu'il s'abandonne aux inspirations de son cœur, son éloquence entraîne, son langage ravit, et l'on croiroit entendre un Ange du ciel descendu sur la terre pour enchanter les humains. C'est aussi là ce qui l'a rendu si dangereux; car sans les grâces du style le plus harmonieux qui fut jamais, Rousseau seroit déjà depuis long-temps oublié. Mais, à l'aide de ses phrases sonores, il a rendu supportables les sophismes les plus révoltans et les contradictions les plus choquantes. Dépouillons Jean-Jacques de ce ravissant prestige, l'absurdité de ses divers systèmes nous remplira de dégoût, de mépris et d'horreur. Il est vrai que ce malheureux écrivain n'a jamais combattu les deux consolantes doctrines de l'immortalité de l'ame et de l'existence de Dieu; il est vrai qu'en attaquant le Christianisme que son orgueil l'empêchoit d'admettre et de comprendre, il n'entendoit pas éteindre la vertu dans le cœur des hommes, et que jamais, au contraire, il n'a plus de charmes qu'en célébrant ses délicieuses voluptés. Mais hélas! combien il s'abusoit dans les rêves de son imagination! Qu'il étoit insensé de croire au triomphe de la vertu sans le secours nécessaire d'une religion positive! Combien l'orgueil est un aveugle tyran, puisqu'il précipite un beau génie dans cette ridicule et funeste crédulité! A l'aspect de cet Ange déchu, à la vue de ses lamentables égaremens, hâtons-nous de reconnoître notre profonde misère, et tremblons d'imiter un exemple pareil.

Si la nécessité d'une autorité supérieure à la raison privée de l'homme n'étoit pas incontestable, même aux yeux du simple bon sens qui n'est pas ivre d'orgueil, nous en serions convaincus mille fois par les perpétuelles contradictions, par les systèmes monstrueux, par les absurdités palpables du déisme tant célébré dans le dernier siècle sous le nom de *Religion naturelle*. Une preuve évidente que la raison privée est dans l'impuissance d'éclairer l'homme et de fixer une croyance religieuse quelconque, c'est que parmi tant de déistes qui ont écrit, vous n'en trouvez pas deux qui partagent la même opinion. L'un rejette ce que l'autre admet; celui-ci condamne ce que celui-là ne cesse d'admirer; ce que l'un regarde comme un principe inattaquable, ne paroît à l'autre qu'une absurde rêverie ou qu'une fatale erreur. Rousseau lui-même l'a remarqué dans un moment de franchise, et n'a pas craint d'en faire le solennel aveu. Heureux cent fois l'inconséquent Jean-Jacques, si lui-même n'avoit pas confirmé par son exemple ce qu'il nous dit à cet égard avec tant d'éloquence, de sagesse et de raison! Si l'on savoit lire dans le siècle où nous sommes, si les charmes d'un style harmonieux ne fascinoient pas les esprits, si l'on daignoit réfléchir en lisant, pourroit-on jamais s'expliquer l'espèce d'idolâtrie que nous voyons rendre parmi nous à la mémoire de cet immortel et coupable écrivain? Si nous pouvions l'apprécier tel qu'il est réellement, ne verrions-nous pas combien la raison de l'homme est un guide foible, aveugle et trompeur? L'homme qui marche uniquement appuyé sur l'orgueil de sa raison, ressemble au malade qui tenteroit d'assurer ses pas à l'aide d'un jeune et fragile roseau.

Admirateurs et disciples de Jean-Jacques, avez-vous bien examiné les écrits de votre maître? Comment se fait-il que cet homme parle si bien, quand il proclame des vérités éternelles sanctionnées par le Christianisme, et qu'il ne soit plus le même lorsqu'il cesse d'écouter et de suivre une semblable inspiration? Trouvera-t-on, dans aucune langue, de passage plus éloquent et plus sublime que l'endroit à jamais célèbre où l'infortuné philosophe se prosterne en extase devant les magnifiques beautés de l'Ecriture? Mais en même temps, où trouvera-t-on rien de plus incohérent et de plus pitoyable que les tristes pages où le sophiste Genevois s'épuise en vains efforts pour la défense de sa religion naturelle? Il veut ici que la raison demeure l'unique souveraine de notre intelligence; c'est elle seule que l'on doit aimer, consulter et suivre: la conscience n'est bonne qu'à nous tromper, et cette voix intérieure ne suffit pas à l'homme. Ailleurs tout a changé de face; c'est seulement la conscience qu'il faut écouter; elle a tout dit à notre esprit, à notre cœur, à notre jugement, et la raison est un guide infidèle qui mérite toute notre défiance et tous nos mépris. Il exalte tour à tour et d'une manière exclusive et la conscience et la raison, et tour à tour il nous les signale comme des moyens incapables d'éclairer notre marche, de mettre un terme à nos irrésolutions, et de fixer nos incertitudes. Admirateurs de Jean-Jacques, si vous en doutez encore, ouvrez les écrits du sophiste, et démentez-moi si vous en avez le courage.

Ici le philosophe de Genève refuse de reconnoître aucune autorité en matière de religion; et plus loin il impose aux enfans l'obligation de suivre et de pratiquer la religion de leur pays.

Dans un endroit il se prosterne devant le fondateur du Christianisme qu'il reconnoît formellement pour un Dieu ; il trouve dans l'Evangile des caractères de vérité si grands, si frappans, si parfaitement inimitables, que l'inventeur en seroit plus grand que le héros : tournez la page, et ce même Evangile ne renferme que des choses ridicules, et ne mérite plus qu'une pitié profonde. Tantôt l'athée n'est pour lui qu'un exécrable mortel ; tantôt l'athée peut être honnête homme, de bonne foi, et l'Eternel sera tenu de lui faire grâce. Ici je dois sans cesse consulter ma raison, et là tout homme qui raisonne est un animal dépravé. Il écrit un livre en faveur de la démocratie, et dans un chapitre du même ouvrage il nous dit gravement que la démocratie est une chimère brillante, et qu'elle ne convient pas à des sociétés humaines.

O le plus inconséquent de tous les sophistes ! quand finiras-tu d'outrager ainsi le sens commun du genre humain, et de fouler à tes pieds orgueilleux toutes les lois de la sagesse, de la décence et du raisonnement? Qui prendra la tâche de te concilier avec toi-même ? Admirateurs de Jean-Jacques, telle est donc la philosophie de l'écrivain que vous idolâtrez ! Que vous a-t-il appris, dites-le-moi, avec toutes ses phrases pompeuses, avec son ton magistral et tranchant, si ce n'est qu'il faut se défier également de tout, que le pour et le contre sont également vrais, également faux ; qu'en conséquence un doute universel est le parti le plus raisonnable et le plus sage ? Voilà donc le terme désespérant où nous a conduit son génie aveuglé par un immense orgueil ! C'est en vain qu'il me prêche l'immortalité de l'ame et l'existence d'un Etre suprême. A quoi me serviront ses éloquens discours, si j'ignore les devoirs qui me sont imposés sur la terre, et si je ne puis trouver nulle part d'invincibles raisons pour la morale que je dois suivre et pour les vertus que je dois pratiquer? Oui, oui sans doute, tant que l'homme ne reconnoîtra d'autre règle de ses croyances, ni d'autres guides de ses actions, que les lumières d'un esprit incertain et d'une conscience trompeuse, il se traînera de sophisme en sophisme, il se roulera d'erreur en erreur, il ne pourra se fixer dans aucune ; et dans le vague de ses pensées, il se laissera maîtriser et conduire par toutes les viles passions qui naîtront dans son cœur.

C'est ainsi que Jean-Jacques lui-même, quoique né pour chérir la vertu, n'en donnera pas moins l'exemple des plus tristes égaremens ; c'est ainsi qu'il écrira des romans après les avoir condamnés, qu'il abandonnera ses enfans à la charité publique, malgré ses belles maximes sur l'éducation ; qu'il flétrira la mémoire de ses plus tendres bienfaiteurs, et que, dans le paroxisme de son orgueil, on l'entendra réclamer une statue. Aveugles, malheureux, insensés que nous sommes! quand voudrons-nous enfin comprendre la nécessité d'une religion positive, et la folie de ces prétendus philosophes, dont l'unique science est d'aplanir le chemin du doute, de l'erreur et du vice?

Un autre écrivain qui n'avoit cependant ni la plume cinique de Voltaire, ni le génie misanthropique de Rousseau, le célèbre Montesquieu, contribua de son côté au triomphe des idées nouvelles. S'il parut rétracter, dans la maturité de l'âge, les satires qu'il avoit dirigées contre la religion dans le premier ouvrage de sa jeunesse, il n'en est pas moins vrai que l'*Esprit des Lois* servit à répandre en Europe la haine du pouvoir monarchique, et qu'il fit germer de toutes parts les idées d'une funeste et chimérique indépendance. Retranché derrière une prudente réserve, il n'osa pas attaquer la monarchie d'une manière franche et loyale, mais il en dit assez néanmoins pour en inspirer le dégoût, et pour séduire les hommes avec les mots de constitutions, de patrie et de liberté. J'aime à croire que cet écrivain n'avoit pas entrevu les conséquences de ses funestes doctrines, et qu'il auroit frémi d'horreur s'il avoit pu les apercevoir. J'en dis autant de Jean-Jacques Rousseau, car cet homme n'étoit pas né méchant, et l'on sent que son cœur tient encore à la vertu alors même que son esprit en renverse toutes les bases.

Quoiqu'il en soit, Montesquieu, Voltaire et Rousseau, les deux derniers surtout, firent une seconde révolution dans les idées de l'Europe, car la réforme avoit fait la première. Les protestans avoient détruit l'autorité de l'Eglise, les philosophes firent tout pour anéantir l'autorité de la révélation même. Les protestans avoient introduit dans la société religieuse un principe de désordre et d'anarchie, Jean-Jacques et Montesquieu l'introduisirent dans la société politique. Les idées d'indépendance ont tant de charmes pour notre misérable orgueil, que les doctrines philosophiques se répandirent de toutes parts avec un effroyable succès.

Pour comble de malheur, les philosophes rencontrèrent des adversaires peu redoutables dans les écrivains qui ne craignirent pas de se mesurer avec eux. Les écrivains dont je parle furent, la plupart sans doute, des hommes très-estimables; plusieurs même ne manquoient ni de connoissances ni de talens; mais aucun d'eux ne posséda ce génie supérieur qui captive les suffrages et qui commande l'admiration. Nonotte écrivit avec assez de facilité, mais son style n'avoit rien de piquant. Bergier avoit beaucoup d'instruction ; il disoit d'excellentes choses, mais il n'avoit pas ce feu qui sait animer une période; sa manière étoit celle de tous les esprits froids, claire, méthodique, mais pâle, sèche et décharnée. Il abondoit en jugement, mais il manquoit d'imagination; et, sans la réunion de ces deux qualités indispensables, on restera toujours au second rang parmi ceux qui se mêlent de composer et d'écrire. Le cardinal Gerdil ne s'éleva pas davantage; il discute en philosophe, il semble avoir oublié qu'il ne suffit pas de penser avec sagesse, mais qu'il faut encore savoir embellir ses ouvrages par les charmes de l'éloquence, ou du moins par les grâces d'une élocution pure, élégante et facile. Le père Berthier a de beaux passages; l'abbé Guénée plaisante avec beaucoup d'esprit; Sabathier n'est pas sans un grand mérite, mais tous ces écrivains étoient loin de pouvoir lutter avec le style séduisant de Voltaire et la constante harmonie de Rousseau.

Grâces néanmoins soient rendues à ces hommes recommandables qui s'efforcèrent d'arrêter le débordement des mauvaises doctrines. Si leur renommée n'est pas aussi brillante que la gloire de leurs adversaires, elle est du moins et plus noble et plus pure; et quoiqu'au second rang, leur place est assez belle encore pour que leur mémoire demeure chère à tous les cœurs sensibles, généreux et chrétiens. Mais il n'en est pas moins vrai que les philosophes ne rencontrèrent pas dans leurs contemporains des adversaires capables de neutraliser leur déplorable et rapide influence. A l'exception de Guénée, qui est vraiment original et piquant, les auteurs religieux de cette époque ne s'élevèrent pas au-dessus de la médiocrité.

La philosophie poursuivit donc sa marche au milieu des triomphes, et fière de ses conquêtes, elle tressaillit d'une joie profonde à l'aspect de l'avenir qu'elle alloit maîtriser. Mais, comme déjà nous l'avons dit, l'erreur qui ne retrograde jamais ne peut cependant pas demeurer stationnaire; et parce qu'elle ne tient à rien de fixe et d'arrêté, il faut nécessairement qu'elle précipite sa marche, qu'elle étende son domaine et qu'elle arrive à son triste et dernier terme. Dès que la raison privée devient l'unique boussole de l'homme social, il est évident que toutes les croyances doivent périr les unes après les autres; la raison ne comprenant et ne pouvant rien comprendre d'une manière claire, absolue et parfaite, il est certain qu'elle détruira successivement tous les dogmes religieux, parce que tous vont se perdre en remontant dans les abîmes de l'infini. Comme la raison du protestant a cessé de concevoir la nécessité d'un pouvoir souverain dans l'Eglise, la raison du déiste refusera de reconnoître la nécessité d'une révélation; et comme la raison du déiste se révolte contre toutes les religions révélées, bientôt la raison de l'athée viendra nier sans effroi l'existence de la Divinité même. Il se lèvera des hommes qui ne craindront pas de disputer à la terre la consolante doctrine d'une vie éternelle et meilleure ; qui, dans l'aveuglement d'un monstrueux délire, ne rougiront pas d'invoquer le néant, de se ravaler au-dessous de la brute, et d'insulter, dans les rêves d'une exécrable démence, à l'imposant témoignage de tous les cœurs honnêtes, aux sentimens unanimes de toutes les ames généreuses, ainsi qu'aux divines traditions de tous les siècles et de tous les peuples de l'univers. En effet, comme sur les pas de la réforme nous avons vu se succéder les sophistes anglais, puis Bayle, Voltaire et Rousseau ; sur les traces de Jean-Jacques et de Voltaire nous verrons arriver d'Alembert, Helvétius, Diderot et Condorcet. Bientôt le monde ne paroîtra plus aux yeux d'une stupide philosophie que l'inconcevable produit d'un hasard aveugle et sans volonté ; l'homme ne sera plus qu'un automate organisé par la nature, et le crime aussi bien que la vertu viendront disparoître et s'anéantir dans un sépulcre éternel. Au nom de cette raison tant vantée, on bâtira des systèmes qui feront pâlir, on rêvera des lois sans législateur, un ordre sans intelligence, une société sans principes et sans religion. Hommes crédules et malheureux, cessez de contempler les cieux, ce n'est plus là votre dernière patrie, votre espoir n'étoit qu'une illusion brillante ; vos peines, vos douleurs, vos souffrances, vos belles actions, vos sublimes vertus, tout cela n'est n'est rien, car tout cela va s'éteindre au fond d'un misérable cercueil, et dans quelques jours vous ne serez plus qu'une insensible et froide poussière qu'un siècle impie foulera d'un pied superbe et dédaigneux.

Quoi qu'il en soit, on ne garda plus aucune mesure, et l'épouvantable doctrine du néant n'excitoit plus, au bout de quelques années, qu'une muette horreur et qu'un stérile mépris. Des écrivains sacriléges qu'animoit une rage difficile à comprendre, sortirent de toutes parts et ne rougirent plus d'afficher publiquement le titre infâme de matérialiste et d'athée. Le *Système de la nature* parut, et cet ouvrage anti-social trouva beaucoup de gens qui le lurent, et même qui ne craignirent pas de l'admirer. Nous ne parlerons pas de Boulanger, dont les emphatiques déclamations font gémir le bon goût et frémir le sens commun; ni de Fréret, dont la pesante érudition n'a rien d'attrayant; ni du lourd et prolixe Dupuy, dont l'ouvrage monstrueux est de nature à fatiguer le plus robuste lecteur, ni de Volney, dont les rêves sont le produit d'une véritable démence, ni de Lamétrie que personne ne lit plus, ni de tant d'autres Mirmidons littéraires, qui ne valent pas même l'honneur d'être nommés. La plupart de ces écrivains, aussi détestables sous le rapport du style et des talens qu'ils sont exécrables par les intentions dont ils furent remplis, prouvent seulement que l'incrédulité, poussée jusqu'à son dernier terme, sera toujours le véritable tombeau du génie.

Il est cependant utile de remarquer, en passant, que l'anarchie dans les doctrines religieuses amène toujours la confusion dans les doctrines littéraires. Dès qu'on eut abjuré la religion, on abjura bientôt toutes les règles du bon goût en littérature ; on cessa de respecter les modèles qu'avoit produits le grand siècle ; Marmontel osa, *dans ses Elémens*, attaquer la gloire du sage et judicieux Despréaux, et le grotesque Mercier se mit à dénigrer l'inimitable Racine. C'etoient des nains qui s'avisoient de faire la guerre à des géants.

Grâces au parti qui, par son despotisme, avoit corrompu toutes les bouches de la renommée, les ouvrages les plus scandaleux, les productions les plus infâmes, les plus coupables et les plus monstrueux écrits étoient colportés publiquement, préconisés, loués, exaltés avec une espèce de fanatisme et de rage. Il suffisoit d'être impie pour avoir droit à la célébrité, comme il suffisoit d'être religieux pour mériter les calomnies et les outrages de tous les écrivains qui tyrannisoient la république des lettres.

La guerre sacrilége que la démence et le crime poursuivoient avec acharnement contre toutes les consolantes doctrines de l'univers, excitoit cependant encore, par intervalles, l'indignation de quelques généreux citoyens. Des voix courageuses retentirent dans les chaires chrétiennes; l'Episcopat français fit entendre des accens prophétiques, et la Magistrature même ne put garder le silence à la vue des périls qui menaçoient la France et l'Europe entière. Mais les cris d'alarmes furent étouffés par la puissance de l'enfer; et parce qu'on vivoit dans un calme apparent, on fit alors comme aujourd'hui; on prit pour des visionnaires ceux qui ne craignoient pas de sonder l'avenir, d'en prédire les funestes discordes, et d'en signaler les lamentables horreurs. Alors, comme aujourd'hui, un fatal aveuglement retenoit les princes dans une profonde et déplorable sécurité; alors comme aujourd'hui, une espèce de vertige inconcevable sembloit couvrir de sa protection la marche d'une secte anti-sociale, et la Providence, alors, comme aujourd'hui, lasse enfin des erreurs et des folies du monde, sembloit sommeiller en permettant aux blasphémateurs d'étendre leurs conquêtes, de combiner leurs sinistres complots, et d'assurer le sanglant triomphe de l'impiété, du crime, et de la rébellion.

CHAPITRE IV.

DE LA RÉVOLUTION.

La contagion des doctrines philosophiques s'étoit répandue de toutes parts, et si la licence de la presse n'étoit pas autorisée d'une manière légale, elle se trouvoit néanmoins favorisée par la coupable indifférence, et même par la tacite complicité du ministère. L'infortuné Louis XVI, qui venoit de monter sur le trône de ses aïeux, loin d'opposer une digue au torrent des idées nouvelles, s'endormit dans une profonde et déplorable sécurité. La nature de son caractère le rendoit tout-à-fait incapable de maîtriser les opinions, et d'arrêter les progrès du mal. D'ailleurs, comme la plupart des hommes de bien, il vivoit dans une complète illusion sur l'esprit novateur de son siècle, et sur le danger des utopies philosophiques. Il aimoit sincèrement la religion de ses ancêtres, il donnoit l'exemple des vertus qu'elle ordonne, il pratiquoit les devoirs qu'elle prescrit : mais, égaré par la bonté de son cœur, il refusa longtemps de croire à la perversité de ses contemporains ; et, naturellement entraîné vers une excessive tolérance, il ne sut prendre aucune mesure de vigueur, quand il aperçut le danger qui pressoit la monarchie.

Louis XV n'avoit jamais voulu rappeler Voltaire des terres de son exil; son malheureux successeur souffrit le triomphe de cet audacieux écrivain, et permit à l'impiété de couronner publiquement le chef qu'elle environnoit de son idolâtrie. L'auteur de la *Pucelle*, que le sénat de Rome auroit flétri par un décret solennel, entendit, vivant encore, proclamer son apothéose dans la capitale d'un empire chrétien. Le plus ardent corrupteur des générations françaises fut enivré d'encens, et l'impiété, palpitante de joie, célébra sa propre victoire dans le retour et dans le triomphe de cet homme fameux. Elle comprit qu'elle pouvoit désormais tout oser et tout entreprendre, et depuis cette fatale époque l'on marcha rapidement vers cette révolution que tout favorisoit et que tout rendoit inévitable. La destruction des Jésuites facilita singulièrement le *grand œuvre* de la philosophie, et l'incrédulité put alors trouver des organes jusque dans les instituteurs de la jeunesse. Tant que l'éducation publique est sagement dirigée, on n'a pas à craindre la destruction d'une société politique, parce que les générations nouvelles, en entrant dans le monde, y réveillent, y raniment, y perpétuent les principes sacrés de l'ordre, de la justice et de l'honneur. Un fait incontestable qui doit faire éternellement la gloire de ces Jésuites tant calomniés parmi nous, c'est qu'aucun de leurs disciples n'a figuré dans les rangs de nos cannibales, et que tous les révolutionnaires de quelque célébrité n'avoient commencé leur éducation qu'après l'anéantissement de cet ordre immortel. Cependant une foule innombrable de citoyens formés par les Jésuites couvroit encore le sol de la France dans les jours de nos discordes civiles, et même un grand nombre encore se trouvoit dans toute la force de l'âge. Refuserons-nous de reconnoître là quels sont les grands avantages d'une éducation religieuse, et combien il importe aux gouvernemens de faire instruire la jeunesse dans les principes d'une morale fondée sur la doctrine chrétienne? Les Jésuites furent dans tous les temps, et seront toujours les meilleurs maîtres dans l'art pénible de former l'esprit et le cœur des hommes, et leur destruction fut une véritable calamité publique. Sans la fatale suppression dont je parle, la philosophie peut-être auroit été vaincue, ou la révolution, du moins, n'auroit pas offert ce caractère effrayant de délire et de férocité qui signala son passage. Une fois délivrés des Jésuites, les philosophes conspirateurs purent inoculer de toutes parts, aux générations naissantes, les funestes doctrines qui devoient renverser et le trône et l'autel; et dans moins de vingt ans ils avancèrent tellement le grand œuvre de la réformation révolutionnaire jurée dans les antres maçonniques et dans les conciliabules de toutes les sociétés secrètes, que prévenir la fatale explosion, étoit devenu, au bout de ce terme, une chose moralement impossible.

La guerre d'Amérique, qui coïncida pour ainsi dire avec la suppression des Jésuites obtenue de l'infortuné Ganganelli, vint exalter encore les opinions philosophiques popularisées par la verve satirique de Voltaire, et par la séduisante éloquence de Rousseau. Louis, entraîné par de perfides conseils, ne voyoit pas qu'en humiliant une nation rivale, il donnoit à sa patrie le plus dangereux de tous les exemples, et qu'en favorisant la révolte des Américains, il sapoit lui-même les fondemens de son trône, et légitimoit d'avance les folies et les attentats d'une secte impie, aveugle et parjure. L'amour des innovations trouva dans cette guerre un aliment nouveau ; on parla bientôt publiquement d'une réforme générale dans les institutions de l'empire, et même dans celles du monde entier ; bientôt on ne cacha plus l'espérance et la certitude d'obtenir incessamment cet immense résultat ; on rêvoit un nouvel âge d'or, et l'on croyoit enfin toucher au moment de réaliser de brillantes chimères.

Mais il falloit un prétexte pour commencer une telle entreprise, et ce prétexte fatal vint malheureusement s'offrir à l'avide impatience des conspirateurs. On se mit à parler, avec ou sans dessein perfide, d'un déficit considérable dans les finances de l'Etat, et les ennemis de la royauté tressaillirent d'une joie profonde. Les esprits vulgaires n'ont vu la cause de la révolution française que dans l'existence de ce misérable déficit; c'est comme si nous avions la sottise d'attribuer l'incendie qui dévore un vaste édifice, au coup de vent qui précipite l'explosion des flammes déjà propagées dans l'intérieur du bâtiment.

L'infortuné Louis XVI cherchoit de toutes parts les moyens de combler le vide du trésor; et dans la sécurité de sa belle ame, il se laissa malheureusement dominer par le plus dangereux de tous les conseils; déplorant la résistance d'une magistrature aveugle, il ne craignit pas de convoquer les états-généraux. Parce qu'il idolâtroit son peuple, il osoit croire à la soumission, à la franchise, à la loyauté de ce peuple égaré par une coupable philosophie. Réunir les états-généraux dans un moment d'effervescence et de fermentation générale, c'étoit nécessairement déchaîner les orages, provoquer les tempêtes et compromettre le bonheur, la gloire et le salut de la monarchie.

Il n'est pas inutile, dans les circonstances présentes, de jeter un coup d'œil sur l'histoire de ces temps malheureux. A peine les états-généraux furent-ils réunis, que la discorde accourut au sein de cette mémorable assemblée. En accordant au tiers-état le privilége d'une double représentation, le Gouvernement avoit commis une imprudence dont il eût été facile de prévoir les inévitables et funestes résultats. La logique des assemblées délibérantes est une arme qui brûle et qui démolit. Le privilége de la double représentation n'avoit aucun sens si les trois ordres continuoient à délibérer séparément, suivant l'ancienne coutume. On s'empressa, par conséquent, de solliciter la délibération par têtes, et le Gouvernement, pressé par des argumens sans réplique après la concession qu'il avoit faite, se plaça dans une position fâcheuse, par une conduite foible et pleine d'hésitation. Le tiers-état, où dominoit l'empire des idées nouvelles, s'échauffa d'une manière prompte et terrible, et le serment du Jeu de Paume devint la première déclaration de la souveraineté du peuple. Le tiers-état, s'érigeant en assemblée constituante, venoit de faire l'acte d'une véritable rébellion, et depuis ce moment fatal la révolution se trouva réellement consommée.

Je sais que l'assemblée constituante compte encore aujourd'hui de nombreux admirateurs. A les entendre, cette assemblée séditieuse mérite les hommages de la terre entière, et jamais le sénat de Rome n'atteignit à ce comble d'honneur et de gloire. A les entendre, cette assemblée fut exempte de crimes, et sans les attentats des législatures qui la suivirent, la révolution n'auroit produit qu'une ère de grandeur, de paix, d'ordre et de félicité. Insensés! qui jugez tout sans rien approfondir, combien elle est grande l'illusion qui vous entraîne! combien votre coup d'œil est borné, trompeur et peu philosophique! Que je suis loin de penser comme vous! La convention, d'exécrable mémoire, se souilla des plus horribles forfaits; mais sans les crimes de l'assemblée constituante, jamais la convention n'auroit épouvanté la France et consterné le monde civilisé. Je veux bien croire avec vous que la plupart des constituans avoient pour le sang humain une invincible horreur; mais en donnant le funeste exemple de la révolte, n'ouvrirent-ils pas la barrière à tous les attentats? Les malheureux sophistes, en avilissant la majesté royale, ne creusoient-ils pas le tombeau de la monarchie française? En adoptant l'absurde chimère du contrat social, ne consacroient-ils pas un principe d'éternelles discordes et d'effroyables calamités? La plupart des constituans ne furent pas des scélérats, sans doute; mais ils déchaînèrent la scélératesse; appelés pour sauver la patrie, ils rendirent sa perte inévitable; convoqués pour combler un déficit dans les finances, ils traînèrent la royauté sur les bords de l'abîme, et l'abandonnèrent sans défense à toutes les fureurs d'une multitude égarée par leurs brillantes et coupables théories. Oui, sans doute, on ne peut trop le dire, on ne peut assez le répéter, l'assemblée constituante est coupable de tous les crimes de la révolution.

Si, fidèle à son mandat, elle avoit cherché de bonne foi le salut de la France, la révolution n'auroit peut-être pas souillé les annales d'un peuple jadis célèbre par ses vertus aimables et par sa touchante urbanité. Elle n'aima pas le sang, dit-on; mais cependant elle en vit couler les premiers flots, sans rien faire pour en arrêter la lamentable effusion. Elle entendit légitimer dans son enceinte de monstrueux attentats, et son indignation n'osa pas faire justice d'une semblable audace. Elle refusa d'aller s'associer auprès du Monarque assailli dans le château de ses ancêtres, et de confondre, par une majestueuse attitude, la férocité des bandits et des sicaires qui ne frémissoient pas de violer cet asile des rois. Au lieu de répondre par un noble courage à l'espoir de tous les généreux citoyens, elle courboit servilement la tête devant l'éloquence tribunitienne d'un Chapelier, d'un Barnave, ou d'un Mirabeau. Au lieu de donner au monde l'exemple salutaire de la justice, elle marcha d'usurpations en usurpations, elle dépouilla la noblesse et le sacerdoce des droits les plus légitimes et les plus sacrés. Au lieu de réformer doucement des abus qui, sans doute, appeloient une juste réforme, elle sapa, elle abattit, elle détruisit tout, sans savoir rien édifier. Au lieu de fonder des institutions fortes, sages, et par conséquent durables, elle s'élança dans la route des abstractions et des rêveries; elle agita les questions d'une métaphysique obscure, et son génie, qui devoit sauver la France, ne sut qu'organiser le désordre et réaliser le cahos. Au lieu de consolider l'empire de la religion, qui seule peut servir de fondement au règne de la liberté, elle osa porter une main sacrilége sur l'autel, et jeter la consternation dans tous les cœurs religieux.

Après avoir déchaîné, par des lois imprudentes, toutes les passions d'une inconstante multitude; après avoir fait un vain simulacre de la royauté; après avoir préparé, dans son incurie, la plus scandaleuse de toutes les banqueroutes; après avoir affligé tous les hommes de bien par ses innovations sacriléges et par ses principes d'anarchie; après avoir suscité contre son pays l'ambition de tous les hommes de néant et la cupidité de toutes les ames viles et corrompues; après avoir fait de la France une région de nuages, de vents et de tempêtes, l'assemblée constituante, fatiguée de détruire, abdiqua son pouvoir usurpateur, et livra sa malheureuse patrie à toutes les fureurs d'un peuple égaré.

On parle des services qu'elle a rendus, des

grands talens qui l'illustrèrent, et du courage qui la distingua. Mais, je le demande, qu'a-t-elle fait, sinon troubler la France, sinon tout bouleverser, tout abattre et tout démolir? Falloit-il un grand génie pour renverser toutes les institutions d'un peuple séduit par des chimères, dégoûté de sa gloire et las de son bonheur? falloit-il un grand courage pour détruire un gouvernement qui sembloit conspirer avec les ennemis de son existence? Les grands talens qu'on lui prête ne seroient-ils pas contre elle un nouveau motif de censure, de blâme et d'accusation? D'ailleurs, si les membres de cette mémorable assemblée avoient eu la moindre connoissance du cœur humain, ou que du moins la passion la plus aveugle n'eût pas égaré leur jugement, n'auroient-ils pas dû savoir que la licence sera toujours le tombeau de la liberté; et que donner l'exemple de la révolte, c'est excuser, c'est absoudre, c'est légitimer toutes les rébellions futures? N'auroient-ils pas dû savoir qu'il faut se défier des plus belles théories, et que les innovations les plus nécessaires doivent s'opérer avec une sage lenteur? N'auroient-ils pas dû savoir qu'il est imprudent de porter atteinte à la religion nationale, et qu'en altérant la croyance publique, on ébranle jusque dans leurs derniers fondemens le repos, l'ordre et le bonheur des sociétés humaines? n'auroient-ils pas dû savoir qu'un peuple énervé par la mollesse n'est pas fait pour une absolue indépendance, et que le présent de la liberté n'est qu'un fléau pour les nations impies? n'auroient-ils pas dû savoir que les institutions politiques ne se forment pas avec des phrases pompeuses, et que les mœurs publiques doivent nécessairement leur servir de base?

En contemplant les travaux de cette assemblée, j'y reconnois l'esprit d'une réunion de sophistes, et non pas les créations d'un sénat législateur. En effet, appellerez-vous législateurs des insensés qui méprisent les leçons de l'expérience, et qui commencent par le cahos l'édifice de leur étrange constitution? Appellerez-vous législateurs des hommes qui se flattent d'asseoir sur les principes d'une absurde démocratie le gouvernement d'un vaste empire tel que la France, et qui ne craignent pas d'imposer à leurs concitoyens un régime que Jean-Jacques Rousseau lui-même avoit condamné? En vain me dira-t-on que l'assemblée constituante avoit maintenu le prince à la tête du gouvernement nouveau. Qu'étoit le roi couronné par l'assemblée constituante, si ce n'est un majestueux fantôme que le souffle du peuple avoit le droit d'anéantir? Ne devenoit-il pas le premier esclave d'un peuple qui se croyoit libre, et son trône de papier ne devoit-il pas se dissoudre au premier signal des factions? Appellerez-vous législateurs des hommes qui ne tiennent compte ni de la force des habitudes, ni du froissement des intérêts, ni du danger inévitable de toutes les innovations brusques, générales et multipliées ? Appellerez-vous législateurs des insensés dont tout le code se borne à détruire, et dont chaque pas est marqué par d'immenses débris ? Regarderez-vous comme des hommes d'état des gens qui n'ont pas rougi de créer le papier monnaie et de renouveler, malgré les récentes leçons de l'histoire, le scandale du système de Law, de braver le souvenir de la catastrophe qui en fut la suite, et d'exposer ainsi leur patrie au malheur d'un désastre pareil ? Avoient-ils du caractère, ces étranges réformateurs qui se laissèrent abreuver d'outrages par la multitude, jusque sur les bancs de leur séditieuse assemblée ?

Sans doute il y eut des talens supérieurs dans l'assemblée constituante ; mais, à l'exception de Barnave et de Mirabeau, le côté gauche n'en produisit aucun : si l'on veut, non-seulement des phrases sonores, mais une véritable éloquence, mais une logique pleine de sens et de raison, ce sont les Maury, les Cazalès, les Lally-Tollendal qu'il faut entendre. D'ailleurs, quand on juge une assemblée quelconque, ce n'est pas dans les exceptions qu'il faut aller prendre les motifs de son jugement, c'est la masse qu'il faut contempler ; c'est la sagesse ou la folie de ses actes qu'il faut apprécier avec une impartiale justice. Or, en jugeant l'assemblée constituante sur ses actes législatifs, sur ses opérations financières, sur sa conduite morale et politique, on doit le dire, comme le dira certainement la postérité, il est impossible d'imaginer rien de plus mesquin, de plus faux, de plus tyrannique et de plus injuste tout à la fois. Si l'assemblée constituante avoit rempli ses devoirs, elle auroit fermé l'abîme des révolutions; et puisqu'elle n'a su qu'ouvrir le gouffre, elle demeure à jamais responsable, devant le Ciel et devant les hommes, de toutes les calamités des temps affreux qui l'ont suivie.

En consacrant le dogme insensé de la souveraineté populaire, n'auroit-elle pas dû prévoir les inévitables conséquences d'une doctrine pareille? Si sa prévoyance n'est pas allée jusque-là, il faut convenir qu'elle n'avoit pas compris toute la force d'un principe, et que la connoissance du cœur humain étoit pour elle une science absolument étrangère. Si sa prévoyance n'est pas allée jusque-là, il faut confesser, à sa honte éternelle, que son coup d'œil n'étoit pas celui du génie, et que sa majorité n'étoit qu'une vaine réunion de sophistes et de rhéteurs. Si sa prévoyance n'est pas allée jusque-là, il faut le dire en gémissant, à quoi servent donc les talens les plus vantés, quand ils ne sont pas accompagnés de la justice, de la sagesse et de la raison? Mais si l'assemblée constituante a prévu les malheurs qui devoient nécessairement succéder à l'étrange abdication qu'elle fit de sa puissance, je le demande alors : est-il une conduite plus criminelle que la sienne, et l'histoire pourra-t-elle l'absoudre des attentats qu'elle a commis contre la paix et le bonheur de sa patrie? Cette assemblée méritera toujours le juste reproche, ou d'avoir trahi sciemment les intérêts les plus chers de la France, ou d'avoir, par une déplorable ineptie, précipité son pays dans le profond abîme des révolutions. Pourquoi cette réunion de sophistes ne vouloit-elle pas comprendre des vérités que proclamoient dans toute l'Europe tant d'esprits judicieux et tant de bouches éloquentes? Quelle estime peut-on professer pour des factieux qui refusoient d'entendre le langage de la prévoyance et de l'éternelle raison? Quelle estime, surtout, peut-on conserver encore pour les factieux nouveaux qui ne craignent pas d'invoquer le souvenir de ces jours de vertige et d'égarement, qui ne frémissent pas de citer pour des modèles de fastueux rhéteurs, dont la démence a commencé la longue histoire de nos calamités; qui, méprisant les leçons de l'expérience et devenus fous d'orgueil, s'efforcent de ressusciter les principes de la discorde et de l'anarchie? Est-il possible de violer impunément les saintes lois de la nature? Est-il possible d'asseoir les fondemens d'une société politique sur les doctrines de la démocratie et de l'indifférence absolue en matière de religion ? Est-il possible de compter sur la modération d'un peuple qu'on égare par d'atroces calomnies, qu'on flatte par les attraits d'une liberté sans limites et sans frein, qu'on démoralise avec une infernale audace, en mettant à sa portée les plus infâmes productions du vice, de la licence et de l'incrédulité moderne ? Si la constituante a mérité justement les reproches de l'Europe entière, que dirons-nous de ces factieux nouveaux qui viennent, au bout de trente-huit ans, ressusciter au milieu de nous les mêmes rêves, le même délire et les mêmes attentats ? Que dirons-nous de ces vétérans de la discorde, dont le front est sillonné de rides et dont la tête est couverte de cheveux blancs, et qui viennent répéter aujourd'hui les paradoxes de leur jeunesse inconsidérée, les aphorismes de leur inepte philosophie, et les insensés discours d'une politique anti-sociale, sourde aux terribles leçons du passé, et vide tout à la fois de raison, de bon sens et de sentimens généreux ? Auroient-ils le fol orgueil de croire à la puissance de leur génie, et se flatteroient-ils encore de captiver les orages et d'enchaîner les tempêtes ? Malheureux sophistes ! que faites-vous ? Dans quel abîme allez-vous de nouveau précipiter la France, l'Europe et vous-mêmes ? Avez-vous oublié que les révolutions ne rétrogradent jamais ; et que, semblables au rocher détaché d'une montagne, elles ne s'arrêtent pas jusqu'au fond du gouffre qui s'ouvre devant elles ? Avez-vous oublié que Robespierre devint le successeur de Mirabeau, et que le sabre de Santerre remplaça l'épée de Lafayette? C'est moi qui vous le dis, c'est moi qui vous l'annnonce, et je ne crains pas le démenti de l'histoire : après avoir déchaîné l'hydre des révolutions, vous lui servirez vous-mêmes de pâture. C'est moi qui vous le dis, c'est moi qui vous l'annonce : vous marcherez au supplice à la lueur des incendies que vous aurez allumés, aux acclamations d'une populace ivre de carnage et de sang, et vos noms dévoués à l'opprobre n'iront à la postérité qu'au milieu des malédictions publiques. Vos propres complices deviendront vos bourreaux ; une multitude effrénée dansera sur vos cadavres, des chants d'antropophages vous accompagneront aux gémonies, et des cannibales, ameutés par vos doctrines, deviendront les impitoyables vengeurs de la royauté. Ce tableau vous paroît exagéré, sans doute ; mais attendons le triomphe de la révolution que vous méditez en ce moment, et nous verrons, bientôt après, qui se trompe de vous ou de moi. Mais reprenons rapidement la suite de nos réflexions.

L'assemblée constituante ayant proclamé la souveraineté du peuple et la liberté de la presse, il n'en falloit pas davantage pour anéantir le fantôme de royauté qu'on avoit laissé debout. Les constitutionnels de bonne foi se virent bientôt débordés par des novateurs plus audacieux et plus conséquens. Comment pouvoient-ils s'imaginer qu'on respecteroit les bornes que, dans leur folle sagesse, ils avoient posées sur un terrein de sable et de poussière? Devoient-ils compter, sans une incroyable démence, sur la modération de tant de citoyens pervertis par les ouvrages d'une philosophie orgueilleuse, sans principes et sans foi? Les innombrables légions de matérialistes et d'athées, dont cette exécrable philosophie avoit inondé la France, pouvoient-elles donc inspirer une confiance raisonnable, et devoit-on former le ridicule espoir d'échapper aux fureurs de ces mauvais citoyens qui n'avoient plus de lois à craindre ni de sentence à redouter? Comment pouvoit-on s'abuser jusqu'au point de croire à la justice, à la prudence, au patriotisme de tant d'hommes sans religion, sans conscience et sans honneur? Quand il est libre à chacun d'écrire et de publier les opinions les plus absurdes, les maximes les plus monstrueuses, les déclamations les plus incendiaires, ne doit-on pas s'attendre à subir la domination du crime et de la scélératesse? Tous les individus qui n'ont rien, tous les gens perdus de débauche et de réputation, tous les riches bandits qui se flattent de s'enrichir davantage encore, tous les vampires de la littérature qui trouvent l'occasion d'acquérir une honteuse célébrité ; tout ce vil essaim d'hommes sans Dieu, sans pudeur et sans patrie, ne devoient-ils pas tressaillir d'allégresse à l'apparition d'un système affreux qui permettoit de tout imprimer, de tout dire et de tout faire impunément ? S'il fut parmi les premiers révolutionnaires des insensés qui ne comprissent pas des vérités pareilles et qui fussent de bonne foi dans leurs doctrines, il faut convenir qu'un tel aveuglement seroit inexplicable, si le fanatisme qu'inspire quelquefois une opinion politique, enté sur l'orgueil de l'irréligion, ne donnoit pas la clef de cet étrange et malheureux problème.

Quoi qu'il en soit, les républicains cachés derrière les constitutionnels, devoient nécessairement l'emporter sur ceux-ci, parce que leur théorie étoit plus conséquente, et que les constitutionnels ne conservoient d'ailleurs aucuns moyens de les réduire au silence. De quelle manière, en effet, auroit-on pu défendre et maintenir la constitution de 91, si ce n'est par la puissance des baïonnettes, et par conséquent en employant le bras de la force, sur lequel on avoit appelé tant d'anathèmes et tant de mépris ? Puisque le peuple étoit investi de la souveraineté, pouvoit-on le contraindre, sans tyrannie, à respecter une loi qu'il ne vouloit plus reconnoître ? Si la constituante avoit pu détruire légitimement les vieilles institutions de la monarchie, pourquoi l'assemblée législative n'auroit-elle pas le droit de lacérer un pacte de la veille, d'anéantir jusqu'au nom même de la royauté et de proclamer la république? Malheureux, qu'aviez - vous à répondre? par quels argumens auriez-vous pu répliquer à des argumens semblables? Si Duport et Lameth avoient affoibli la royauté, pourquoi Brissot et Robespierre n'auroient-ils pas eu le droit de l'anéantir? Si vous les accusiez de perdre leur patrie, ils vous diroient qu'au contraire ils travaillèrent pour son bonheur, que vous n'aviez pas eu le courage d'accomplir. Dès que vous admettez les uns et les autres la doctrine de la souveraineté populaire, il n'y a plus aucun moyen légal d'arrêter vos ennemis et d'éviter la conséquence de vos funestes principes.

Le trône s'écroula donc entièrement, comme la chose étoit inévitable, et l'assemblée législative, après avoir achevé cette destruction, après avoir enfermé sous les verroux du Temple la famille royale qui n'avoit pas craint de chercher un asile dans l'enceinte même de ses séances, après avoir proclamé la république à la voix d'un obscur et vil histrion, l'assemblée législative se sépara pour faire place à la convention nationale.

Cette assemblée nouvelle, formée dans un moment de fanatisme révolutionnaire, présentoit la réunion d'un essaim d'athées et de scélérats. Les Girondins, cependant, moins aguerris dans le crime, osèrent parler et se conduire en républicains de bonne foi ; mais par-là même ils devoient succomber dans la lutte inégale qu'ils eurent à soutenir contre les Jacobins. Ils ne purent s'empêcher de frémir à l'aspect de Marat, et les feuilles sanguinaires de ce monstre leur inspirèrent une horreur profonde qu'ils ne surent pas dissimuler. Ils s'indignoient à la seule pensée des crimes qu'on méditoit sans rougir, et Robespierre ne leur pardonna jamais cet amour de l'humanité. C'est en vain que, dans leur manie républicaine, les Girondins n'eurent pas le courage de reculer devant le régicide, et qu'ils rendirent inévitable, par leur complicité, l'assassinat du meilleur des princes et du plus vertueux des hommes. Leur vote sacrilége ne put les garantir de la rage de Robespierre, leur supplice livra bientôt la république à la hache des féroces Jécobins, et les insensés durent alors comprendre que dans un temps de révolution la victoire demeure toujours aux plus déterminés.

Il est sans doute inutile de s'arrêter à cette époque de sinistre mémoire et d'épouvantable souvenir ; ce fut l'athéisme qui régna sur la malheureuse France, et l'on vit ce qu'il étoit possible d'attendre sous la domination de ces hommes féroces, sans Dieu, sans loi, sans remords et sans générosité. Le crime devint un titre à la protection du comité de salut public, et la vertu fut contrainte de fuir ou de se cacher. Sous cet empire de la terreur et de la mort, la France ne fut plus qu'une immense boucherie, et les athées qui l'opprimoient répétèrent, dans quelques mois, toutes les folies, tous les crimes et toutes les horreurs que l'on trouve à peine réunis dans l'étendue de tous les siècles. On dut croire un instant que la Providence avoit abandonné le monde, et que la société alloit en effet se dissoudre.

Cependant la France, après avoir payé par dix ans d'anarchie et de calamités effroyables le fatal essai des brillantes théories de nos philosophes modernes; après être descendue jusqu'aux dernières limites du mal, la France alla se réfugier entre les bras d'un soldat conquérant, et le génie de Napoléon Bonaparte apparut comme l'arc-en-ciel au milieu des tempêtes. Bonaparte, appuyé sur sa gloire et fort de sa renommée, enchaîna l'hydre de la révolution, et son bras de fer comprima ses plus légers mouvemens. Les révolutionnaires, lâches comme ils seront toujours en face d'un pouvoir qui sait user de la force, les révolutionnaires ne rougirent pas de se prosterner aux genoux d'un Corse ambitieux, et parmi tant de prétendus soutiens de la liberté, Brutus ne trouva pas un seul imitateur. Quoique le nouveau maître de l'empire parût avoir de grandes préventions contre la religion de nos ancêtres, il avoit cependant un esprit trop supérieur, pour ignorer combien le Christianisme est favorable au maintien du pouvoir, et combien il est difficile de régner sur un peuple qui n'auroit point de croyance. Il s'empressa, en conséquence, de relever nos autels, et de conquérir, par un bienfait aussi grand, si ce n'est l'amour, du moins la parfaite soumission de tous les hommes vraiment religieux. L'ordre sembla renaître comme par enchantement, tant un homme de génie imprime de respect, et tant un pouvoir qui sait commander obtient une prompte et facile obéissance. Persuadé que nul gouvernement ne peut résister et se maintenir avec la liberté de la presse, dans un pays tel que la France, où le caractère national donne tant de prise à la séduction, Bonaparte enchaîna cette dangereuse liberté, et tout le monde s'inclina, sans murmure, devant l'astre éclatant du jour. Il monta sur le trône avec une facilité qui devroit étonner et confondre, après tant de fastueux sermens, après tant de pompeuses déclamations contre les abus de la royauté, si l'on ne savoit pas que les hommes sans croyance sont également des hommes sans patriotisme et sans foi. Rappelons-nous, d'ailleurs, que plus un peuple nous parle d'indépendance, moins il est fait pour elle; et que dans l'état de civilisation où nous sommes parvenus, la liberté, telle que l'entendent nos libéraux, n'est plus qu'une brillante chimère, parce que la liberté demande un caractère qui nous manque, un désintéressement qui n'existe nulle part, des vertus civiles, de la religion et des mœurs que nous n'avons plus. Bonaparte, qui connoissoit par instinct la science du pouvoir et l'art de gouverner une nation dégénérée, se garda donc bien de montrer, en usurpant le trône de St. Louis, la générosité des Bourbons, qui n'ont pas craint la terrible puissance des journaux et des livres. La tribune fut également réduite au silence, et les partisans de la liberté acceptèrent, sans rougir, les chaînes dorées de la servitude. Bonaparte nous prouva qu'une constitution écrite n'est en effet qu'un chiffon de papier, et qu'un despote sait toujours s'élever au-dessus de toutes les lois. Ses compagnons de gloire devinrent ses premiers esclaves, ses plus mortels ennemis briguèrent ses faveurs, les maîtres de la terre se courbèrent devant sa fortune; et, tant le génie a d'ascendant sur l'esprit des hommes! il fit taire les factions, devint le Dieu de ses armées, et, comme le Jupiter d'Homère, il faisoit un signe de la tête, et le monde trembloit devant lui.

Cet homme extraordinaire auroit pu sauver l'Europe, sans la malheureuse ambition qui le perdit; et sa volonté de fer étoit peut-être la seule puissance qui pût anéantir l'hydre sanglante des révolutions. Mais l'Eternel, après avoir châtié les peuples, brisa l'instrument qu'il avoit employé dans les jours de sa justice ; et dans les jours de sa miséricorde, il rétablit d'une manière inattendue les trônes que la révolution française avoit morcelés, ébranlés ou détruits. Heureux les peuples délivrés de l'esclavage, s'ils avoient su profiter de leurs longs châtimens, et fuir à jamais les funestes doctrines qui les avoient perdus ! Heureux les princes de l'Europe, s'ils avoient su comprimer le génie du mal, et rentrer tout-à-fait dans l'ordre de la Providence, en refusant de transiger avec les principes de la révolution ! Mais les leçons d'une fatale expérience n'ont pu nous détromper encore ; un déplorable modérantisme a tout perdu, et les bouches du volcan s'entr'ouvrent pour la seconde fois avec une fureur nouvelle.

CHAPITRE V.

DE LA RESTAURATION.

La Sainte-Alliance pouvoit asseoir le bonheur de l'Europe sur d'inébranlables fondemens; elle pouvoit tuer la révolution vaincue et préserver le monde de nouvelles calamités; mais les conseils d'un funeste modérantisme prévalurent, et des concessions déplorables vinrent paralyser les bienfaits de la restauration. La révolution, formidable jusque dans son abaissement, trouva le moyen de se faire craindre et d'imposer un malheureux silence à la voix de l'éternelle raison. Une imprudente amnistie vint couvrir de la protection des lois les hommes les plus coupables et les plus dangereux, et par cette homicide clémence, on prépara de nouveaux et d'inévitables bouleversemens.

Mais de toutes les fautes commises à l'époque de notre délivrance, la plus grande, sans doute, la plus irréparable et la plus féconde en désastres, ce fut l'indifférence des gouvernemens pour les intérêts sacrés de la Religion chrétienne. Les calamités de l'Europe avoient leur source unique dans les principes de cette philosophie monstrueuse qu'on ne rougit pas d'exalter encore aujourd'hui ; il falloit donc non-seulement faire avec de tels principes un absolu et courageux divorce, il falloit encore tout essayer, tout entreprendre pour en garantir les générations naissantes et pour en préserver les générations futures. Mais loin de là, séduit par les attraits d'une popularité mensongère, le pouvoir n'osa pas anéantir et proscrire les principes qui l'avoient détrôné ; il ne voulut pas comprendre la vérité dans toute son étendue ; il refusa de reconnoître que la Religion est son plus ferme, ou plutôt son unique soutien, et que sans elle la force même se change bientôt contre lui en moyen de violence, de tyrannie et d'oppression.

La France, en plaçant l'athéisme politique à la tête de ses lois, consacra le plus dangereux sophisme de la philosophie moderne. En élevant les erreurs de tous les sectaires en face de la religion nationale, elle proclama, par le fait, l'indifférence absolue de toutes les croyances ; le Fils aîné de l'Eglise devint le défenseur obligé du juif, qui maudit cette Eglise, et du protestant qui la calomnie. Il ne falloit pas, sans doute, persécuter les dissidens ; loin de moi le souffle même d'une telle pensée ; mais pour cela devoit-on laisser le véritable Christianisme sur une ligne égale à celle des autres cultes ? Dans un certain sens, il faut supporter le mal, puisque Dieu le supporte lui-même ; mais pour cela falloit-il prêter au mal l'honneur et la dignité du bien? N'étoit-ce pas dire aux peuples que toutes les religions sont indifférentes, et qu'il est égal d'adorer Jésus-Christ ou de blasphémer contre sa divine loi? N'étoit-ce pas agrandir la plaie, malheureusement déjà trop profonde, de la triste époque où nous vivons? Je sais que la foule des esprits vulgaires a cessé de comprendre l'importance d'une vérité pareille, et qu'on s'est mis à rêver une société sans Dieu, sans principes et sans foi. Je sais que mes réflexions paroîtront peut-être un tissu de paradoxes aux yeux d'un grand nombre de nos contemporains; mais qu'importe, à celui qui parle avec le sentiment d'une conviction profonde, la censure et le sot mépris de ces hommes sans croyance et livrés à tout l'aveuglement d'un orgueil sans pudeur et sans frein? Il n'en est pas moins vrai que l'athéisme politique, dans les doctrines du gouvernement, produira tôt ou tard l'athéisme dans les sociétés civiles, et que les empires s'écrouleront quand leur base ne reposera plus sur un principe éternel.

Les Chartes constitutionnelles, *octroyées* par plusieurs souverains, vinrent en outre sanctionner la loi de la presse, et laissèrent par conséquent à la révolution son arme la plus favorite, cette arme redoutable qui suffiroit seule pour détruire toutes les libertés ensemble. Pascal nous a dit que l'opinion publique étoit la reine du monde : il est donc bien nécessaire que l'opinion publique soit bonne, juste et sensée. Mais qui pourra garantir l'opinion publique contre les ravages des mauvaises doctrines, s'il est permis à chaque individu d'attaquer la religion de son pays, à chaque factieux de prêcher les principes de l'anarchie et de l'insurrection, à chaque avorton de la littérature de vomir les plus détestables maximes, au dernier folliculaire d'avilir, par d'injustes diatribes, les hommes du pouvoir et de l'Eglise, et de verser le ridicule sur les plus généreux citoyens, sur les objets les plus sacrés et sur les institutions les plus saintes? Le bon sens, nous dit-on d'une voix naïve ou perfide, le bon sens fera justice des vaines déclamations, et la voix publique flétrira la renommée des écrivains coupables. Grand Dieu! est-ce après trente-neuf ans d'agitations qu'on a la folie de proférer un semblable langage? Est-ce, encore assis sur des ruines fumantes, qu'on ose absoudre et légitimer les crimes de la presse? Auroit-on déjà perdu la mémoire des premières années de la révolution, et la fatale expérience de nos pères seroit-elle perdue aujourd'hui pour leurs malheureux enfans? A la réunion des états-généraux, des sophistes méditoient sans doute la destruction de la royauté; mais la masse de la nation française conservoit encore pour la race de S. Louis toute son ancienne et touchante idolâtrie. Cependant le trône de S. Louis fut renversé, et le court espace de trois ans suffit pour rendre populaire l'épouvantable doctrine de l'insurrection. N'est-ce pas à la liberté de la presse que l'on doit reprocher la propagation de cette fièvre révolutionnaire qui fit surgir d'une nation, jadis célèbre par la douceur, la franchise et la générosité de son caractère, un ramas effrayant de scélérats, de tigres et de cannibales? Avoit-on jamais vu dans un empire chrétien des têtes sanglantes portées à la pointe d'une pique ou d'une baïonnette, et des antropophages boire dans des crânes fumans le sang de leurs infortunés concitoyens? Pour retrouver de pareilles horreurs, ne faut-il pas s'enfoncer dans les forêts du Nouveau-Monde, ou se transporter dans les murs du Caire, de Constantinople ou d'Alger? Eh! je le demande à tout homme instruit, n'est-ce pas à la liberté de la presse qu'il faut attribuer la cause de ces monstrueux attentats? Ouvrons les feuilles de cette époque sinistre, et nous verrons chaque massacre précédé par de violentes et de sanguinaires déclamations. Nous pourrons lire dans les journaux de la veille les noms des tristes victimes du lendemain; et si l'histoire n'a pas gardé le souvenir de tous les obscurs brigands qui souillèrent alors le sol de la France, il est facile de reconnoître et de nommer les détestables sophistes qui les poussoient au meurtre, et qui faisoient bouil-

lonner

lonner la fièvre du crime dans l'ame de ces vulgaires bandits.

Mais pourquoi, nous dira-t-on peut-être, rappeler sans cesse à la mémoire des hommes un temps affreux que tout le monde abhorre, et qui sans doute ne reviendra jamais? On ne demande aujourd'hui qu'une sage liberté, personne ne veut plus de la licence, et les principes de la modération constituent maintenant le caractère général de la société. Les Marat, les Hébert et les Chaumette n'exciteroient parmi nous qu'une indignation profonde et qu'une invincible horreur. La liberté de la presse n'offre plus aucun danger, et la résurrection de la démagogie révolutionnaire n'est plus désormais qu'un rêve de la misanthropie. La liberté de la presse est d'ailleurs dans la nature du gouvernement représentatif; hâtez-vous de renverser toutes les Chartes constitutionnelles, ou n'allez pas nous ravir la plus chère et la plus indispensable de toutes nos libertés.

Je n'examine point si la liberté de la presse est dans l'essence du gouvernement représentatif; car admettre une telle supposition, ce seroit, à mes yeux, faire la satire la plus sanglante et prononcer la condamnation d'un pareil genre de gouvernement. En effet, si la liberté de la presse doit tendre, par sa nature, à dissoudre tous les liens sociaux, à corrompre les mœurs publiques, à détruire la religion nationale, avancer qu'une liberté pareille est dans l'essence du gouvernement représentatif, n'est-ce pas dire, sans le vouloir, qu'un tel gouvernement est le dissolvant le plus actif des sociétés humaines? Or, je le demande, qui pourra nier, sans mentir à sa conscience, les dangers inséparables de cette funeste liberté? Si tous les hommes étoient des sages, s'ils n'avoient tous ni préjugés, ni passions; s'ils possédoient tous une raison parfaite, une vertu consommée, un jugement exquis, la société n'auroit sans doute rien à craindre d'une liberté pareille, et l'on sauroit alors respecter et les mœurs qui font la gloire des nations, et les lois qui les protégent, et la religion qui les conserve. Mais qui pourroit, sans folie, soutenir une semblable absurdité? Que de passions fermentent dans le cœur des hommes! combien la raison du plus sage est foible, incertaine et trompeuse! avec quelle déplorable facilité le jugement se trouble, s'égare et se pervertit! Est-il possible, sans un profond délire, de compter sur la modération, la justice et la bonne foi de tous les citoyens? Qui vous répondra, dites-le-moi, que des motifs d'intérêt, d'ambition et même de vanité, n'enfanteront pas une armée d'écrivains coupables? qui vous répondra, dites-le-moi, qu'avec les intentions les plus pures, un homme ne sera jamais précipité dans un système d'erreurs funestes et d'opinions plus ou moins dangereuses? Pensez-vous que Jean-Jacques eût le projet d'amener les discordes civiles, et de plonger le monde dans les combats sanglans de l'anarchie? Ne croyez-vous pas, au contraire, avec tous les hommes justes, que le malheureux sophiste ne fut que le jouet d'un immense orgueil, et l'esclave d'une imagination qui le perdit? Combien d'hommes s'abusent sur le danger des plus monstrueuses doctrines! combien se flattent même, de bonne foi, d'être utiles au genre humain, en propageant l'amour des maximes les plus anti-sociales! Si le catholique trouve dans sa croyance la plus sûre garantie du bonheur public, le protestant et le déiste n'ont-ils pas la même confiance dans leurs opinions respectives? N'avons-nous pas vu des athées, dont l'orgueil avoit obscurci l'intelligence, proclamer, de sang-froid, leur infernale doctrine, et se vanter encore d'être les courageux bienfaiteurs du genre humain? Lalande, que le spectacle enchanteur de la nature auroit dû pénétrer de reconnoissance envers le Créateur adorable de tant de merveilles, n'a-t-il pas eu la démence d'y méconnoître la main de la Divinité, et de soutenir que son exécrable système seroit plus favorable au bonheur des hommes, que l'auguste et sublime religion de J. C.? Cabanis n'eut-il pas la folie de contempler la structure admirable du corps humain, sans bénir la sagesse du Dieu puissant dont elle fut l'ouvrage, et d'écrire pour enseigner le dogme affreux du néant, en face du chef-d'œuvre de la création, qui jadis ravissoit en extase une foule de médecins vertueux et célèbres? Il est difficile de croire, sans doute, à la bonne foi des écrivains athées et matérialistes ; néanmoins, quand on a sondé le cœur de l'homme, quand on sait combien l'orgueil dégrade l'intelligence, combien les viles passions corrompent le jugement, égarent l'esprit et dénaturent toutes les idées, il n'est pas impossible, à la rigueur, de comprendre un tel excès d'aveuglement, de sottise et de brutalité.

Quoi qu'il en soit, l'homme peut sans contredit se précipiter dans les opinions les plus funestes, avec le cœur le plus honnête et les intentions les moins criminelles; et s'il peut librement enseigner sa doctrine, la société ne sera - t - elle pas victime tôt ou tard de la coupable tolérance des gouvernemens? L'erreur sera d'autant plus contagieuse qu'elle sera professée par des hommes plus instruits, plus sages et plus modérés. Mais à supposer, contre le témoignage imposant de l'histoire, contre toute vraisemblance et toute certitude, que les hommes vertueux ne soient jamais capables de s'égarer, et qu'ils resteront constamment fidèles aux principes de la religion, de la saine philosophie, de la vérité, de la justice et du bon sens, ne devrions-nous pas encore nous alarmer, trembler et frémir en face de cette liberté qui nous permet de tout enseigner et de tout écrire? Que d'hommes sans foi, sans conscience et sans remords ne viendront pas déchirer le sein de leur patrie, en propageant au milieu d'elle des maximes d'irréligion, d'anarchie et d'immoralité! Ne trouverons-nous pas des Volney, qui viendront calomnier, attaquer et proscrire toutes les croyances du genre humain? Ne trouverons-nous pas des Voltaire, des Hume et des Raynal qui se permettront de falsifier l'histoire, et d'en composer une nouvelle dans le sens de leur détestable philosophie? Après avoir soulevé l'indignation publique contre l'horrible attentat de la Saint-Barthélemi, contre les abus de l'inquisition d'Espagne, contre les erreurs ou les crimes de quelques papes, de quelques prêtres et de quelques rois, ces hommes-là n'auront-ils pas soin de garder un injuste silence sur les persécutions d'Henri VIII, d'Elisabeth et de Cranmer; sur les massacres dont les protestans se sont rendus coupables en Allemagne, en France et dans d'autres climats; sur les immenses services rendus par la généralité des papes, sur les rares vertus, sur les belles actions, sur les traits sublimes d'une foule de prêtres, de moines et de souverains? Par une tactique aussi perfide n'aura-t-on pas l'infâme projet d'égarer le jugement des peuples, et de persuader aux nations que la religion catholique est seule une religion d'intolérance? qu'on rencontre seulement chez elle ces crimes qui font pâlir, ces fanatiques sanguinaires qui font trembler, et ces monstrueux forfaits qui soulèvent l'indignation de tous les cœurs généreux? Quand on aura lu ces audacieux écrivains, ne sera-t-on pas tenté de croire que la religion catholique est un fléau pour l'humanité, que les protestans l'emportent sur nous par leur tolérance, par la sincérité de leur patriotisme, et par l'éclat de leurs vertus privées? Saurons-nous alors combien le Christianisme a civilisé la terre, combien il a diminué le nombre des crimes, combien il a su modifier, adoucir le caractère des hommes, augmenter la justice et la modération des rois, avancer le bonheur des peuples, améliorer le sort des nations, et consolider la félicité générale? Saurons-nous alors combien les catholiques, malgré les excès auxquels ils se livrèrent, que je ne prétends point excuser, et qu'il est impossible de ne pas rencontrer partout où il y aura des hommes, saurons-nous alors combien les catholiques l'ont emporté, par leurs vertus privées et publiques, sur les sectateurs de toutes les autres religions? Saurons-nous alors combien l'Eglise a produit de grands papes, de généreux pontifes, de magnanimes prêtres et d'admirables citoyens? — Oui, sans doute, va-t-on nous répondre, puisqu'il vous est permis d'écrire et de réfuter vos adversaires. Hélas ! je le demande, est-ce de bonne foi qu'on ose faire une telle réponse ? Ne sait - on pas combien l'homme est enclin à se persuader le mal, à douter du bien, à mettre en problème la pureté des actions les plus belles et la sainteté des intentions les plus pures ? Ne sait - on pas combien la corruption du cœur favorise l'aveuglement de l'esprit, et combien l'homme aime à s'abuser sur la nature des faits qui peuvent contrarier ses penchans ? Ne sait-on pas que l'impiété repousse avec dédain toutes les productions qui ne sont point écrites sous sa détestable influence ? Ne sait-on pas que, séduits par les attraits du vice, dominés par la tyrannie des passions cruelles, subjugués par la haine du bien et par celle de la vérité, la plupart des hommes de nos jours évitent la lecture des ouvrages qui pourroient éclairer leur jugement, et confondre les sophismes de l'incrédulité qui les flatte et qui permet à leur conscience de sommeiller en repos ? Quel insensé pourroit croire aujourd'hui qu'un livre écrit avec probité sera capable de neutraliser les effets d'un ouvrage contraire ? Ignore-t-on l'art infernal avec lequel les impies sont parvenus à détourner la majorité des citoyens de ces lectures solides qui pourroient déjouer leurs coupables espérances, en signalant à tous les cœurs honnêtes la futilité de leurs objections, et le danger de leurs déplorables systèmes? Ne sait-on pas avec quelle activité les incrédules travaillent aux succès de toutes les productions sorties de leur école? Tous leurs journaux ne s'empressent-ils pas à l'envi d'exalter l'écrivain le plus obscur de leur cotterie, et ne passe-t-on pas avec une incroyable facilité sur toutes les nuances d'opinions, sur tous les défauts de style, de convenance et de goût? Pourvu qu'un ouvrage soit dirigé contre les principes religieux, moraux ou politiques, on n'en demande pas davantage. Il suffit que l'auteur attaque plusieurs ou même une seule vérité de l'ordre politique ou religieux, pour qu'il ait droit à l'encens de tous les journalistes, et que même on lui pardonne quelques bons principes, en récompense des erreurs qu'il aura professées. Moi-même, j'en ai la conviction, je me verrois tout à coup l'objet de toutes les louanges, si j'avois l'infamie de déserter mes drapeaux, et d'abandonner la sainte cause de la monarchie et de la religion. L'emphase que m'a reprochée le Courrier français se changeroit bientôt en véritable éloquence, et sans doute avant six mois mon nom seroit devenu populaire. Mais quand je serois aussi fou pour la gloire que je sais en apprécier la modique valeur, jamais, non jamais, avec l'aide de Dieu, je ne me rendrai coupable d'une lâche félonie, et je n'irai me précipiter dans le rang des transfuges que je méprise.

Il n'en est pas moins vrai que le parti de l'impiété sait profiter avec adresse de ses moindres avantages, et que le parti contraire se laisse entraîner dans un système d'apathie et d'indifférence vraiment condamnable. Il n'en est pas moins vrai que les bons n'auront jamais la même énergie que les méchans, et ceci, pour le dire en passant, nous prouve combien le Christianisme est vrai, et combien il a raison de nous peindre l'homme comme un superbe esclave du péché. Il n'en sera pas moins toujours incontestable que les bons font mal le bien, et que les méchans font bien le mal. Dans cet état de choses, n'est-il pas évident qu'un mauvais livre fera d'incalculables ravages, et que l'écrit le plus judicieux n'exercera pas en sens contraire la centième partie de la même influence ? Ne voit-on pas maintenant l'immense danger du système adopté par les divers ministères qui ont successivement gouverné la France depuis la restauration ? N'est-il pas insensé de comparer la liberté de la presse à la lance d'Achille, et de prétendre qu'elle est capable de détruire elle-même les maux effroyables qu'elle aura produits ? On lira l'histoire écrite sous l'empire de l'incrédulité, et l'on se gardera bien d'ouvrir un ouvrage historique composé sous la dictée d'une impartiale justice. On lira les journaux de la révolution, parce qu'on y trouvera des maximes qui flatteront les penchans de son cœur et l'orgueil de son esprit, une doctrine qui, loin de condamner les passions de l'homme, s'efforcera, au contraire, d'en augmenter la violence et d'en légitimer les excès; mais on ne lira pas les journaux de la religion et de la monarchie, parce qu'on n'aime pas à se rappeler des principes qui contrarient cet amour désordonné pour les attraits du vice et d'une absolue indépendance, parce qu'on se plait à nourrir des idées confuses qui trouveroient leur condamnation dans ces feuilles proscrites, parce qu'on tâche de s'étourdir sur le danger de certaines doctrines, et que la lecture des mêmes feuilles pourroit inspirer une inquiétude secrète et de salutaires remords. On lira Voltaire et Rousseau, on lira peut-être Diderot, Raynal, ou Volney; on lira certainement Faublas et Pigault-le-Brun; mais on se gardera bien de lire les apologistes de la religion, les défenseurs du Christianisme, et les écrits de morale, de saine politique et de solide piété.

Tout cela n'est-il pas malheureusement trop vrai? Tout cela n'est-il pas l'histoire de ce que nous voyons parmi nous? Je défie de pouvoir, sans mentir, contredire des vérités semblables; et quand la société s'en trouve à ce point, les gouvernemens ne sont-ils pas éminemment coupables de se taire et de s'endormir dans une déplorable sécurité? Que veut-on qu'il sorte d'une société que l'on s'efforce de corrompre ainsi jusqu'au fond de ses entrailles, si ce n'est un torrent de maux sans terme et d'épouvantables calamités? Insensés qui ne voulez pas voir absolument l'abîme dans lequel vous allez précipiter le monde, répondez-moi: Est-ce avec l'abject matérialisme, avec les doctrines de l'athée, avec les principes d'Helvétius, avec les mœurs de Faublas et de Turcaret, avec la corruption de Babylone et de Sodome, que vous formez l'espérance de fonder le régime de l'ordre, de la concorde et de la liberté? Ne savez-vous pas que Rome devint esclave aussitôt que les mœurs se corrompirent et que la religion perdit son utile influence? Ne savez-vous pas que pour être libre il faut avoir les plus grandes vertus, et qu'il n'est point de liberté pour les nations impies? Ne savez-vous pas que l'égoïsme est le tombeau de l'indépendance, et que l'amour du pays n'est qu'un vain mot pour un peuple sans principes, sans conscience et sans foi? Ne savez-vous pas que l'homme sans Dieu est un citoyen sans patrie, et que l'intérêt seul est sa loi suprême? que pour lui les sermens ne sont que de vaines formules, les lois qu'un chiffon de papier, et que si l'appât du gain lui sourit, que si de frivoles honneurs le séduisent, que si l'ambition l'agite et le tourmente, il trahira ses sermens, méprisera les lois et vendra sa patrie au premier audacieux qui voudra l'acheter? Et, d'un autre côté, ne savez-vous pas que les ouvrages de Voltaire et de Rousseau, d'Helvétius et de Raynal, et les compositions de tous vos frippiers littéraires, ne sont propres qu'à détruire la religion, corrompre les mœurs, et par conséquent à tuer, dans leur unique source, cette liberté qui vous paroît si chère? Des journalistes, parmi nous, ne rougissent pas de prendre encore le titre honorable de chrétiens, et cependant les mêmes hommes s'empressent d'applaudir aux productions les plus impies, de proposer à l'admiration les écrits les plus licencieux, et de consacrer à la reconnoissance universelle tous les écrivains qui s'efforcent de détruire la monarchie et d'anéantir la religion de nos pères! Qu'attendez-vous d'une aussi détestable hypocrisie et d'un aussi profond oubli de tout sentiment de vertu, de sagesse et d'honneur? Où prétendez-vous nous conduire avec ce système de perfidie et de déception? Quand vous et les vôtres aurez tout corrompu; quand on ne croira plus au Christianisme qui fait chérir les lois, et quand on aura même cessé de croire à la certitude d'une autre vie; quand, selon les principes de votre Helvétius, le vice et la vertu ne seront plus que de vains mots; quand il n'y aura plus ni pureté dans les mœurs, ni générosité dans les sentimens, que deviendra le monde ainsi privé de toutes les doctrines sociales, et quelle place, dites-moi, restera-t-il à votre chimérique liberté? Vous serez traînés avec nous dans les angoisses de l'anarchie, ou précipités avec nous sous la verge d'une tyrannie sans pudeur et sans frein. Prétendre que cela n'arrivera pas, et poursuivre votre odieux système, c'est penser, c'est parler, c'est agir comme les plus ignorans ou les plus insensés de tous les hommes ; c'est méconnoître la nature du cœur humain ; c'est outrager le témoignage de l'histoire, de la sagesse et du sens commun ; c'est dévouer la patrie à la servitude, vos enfans à la honte, et vos noms à la tache d'un opprobre éternel.

Un peuple, fût-il vraiment religieux, fût-il le plus moral de tous les peuples, portât-il au suprême degré toutes les vertus politiques et civiles, il ne faut pas trembler de le dire ; une nation pareille aura bientôt perdu ses croyances, ses vertus et ses mœurs, s'il est permis d'attaquer impunément ces trois gardiennes de la félicité publique : s'il est permis de prêcher l'indifférence, d'attaquer la religion, de contredire la vérité, d'appeler sur ses ministres le ridicule et le mépris, qui pourra sauver la société d'une ruine absolue et plus ou moins prochaine ? Avec quelle avidité les passions de l'homme ne viendront-elles pas entendre le séduisant langage qui tend à les affranchir d'une salutaire servitude ! D'abord ce langage n'excitera qu'une profonde horreur ; mais cette horreur, n'en doutez pas, ira toujours en s'affoiblissant. Semblables aux chants des sirènes, les concerts de l'impiété nous feront d'abord songer à la fuite ; mais bientôt familiarisés avec eux, mais bientôt séduits, mais bientôt subjugués, nous prêterons l'oreille à ces détestables concerts; et d'horribles maximes, devenues les nôtres, viendront obscurcir nos idées, dessécher notre cœur et dépraver notre intelligence. L'incrédulité flatte toutes nos passions, tandis que la Religion les condamne toutes sans pitié ; et dès-lors avec quelle facilité le triomphe de la première ne sera-t-il pas accompli ! Le Christianisme ne doit jamais périr, sans doute, nous en avons pour garant la parole même d'un Dieu ; mais le Christianisme, en punition de notre abjecte philosophie, peut fort bien s'éloigner de nos climats et porter à d'autres peuples, maintenant assis dans les ténèbres et dans les ombres de la mort, les célestes bienfaits d'une doctrine que nous avons cessé de bénir, d'adorer et de croire : et si ce malheur nous est réservé comme un châtiment du Ciel ; si l'Europe retombe dans la barbarie en abjurant la religion qui l'en avoit tirée, n'en doutons pas un instant, cette calamité, pour laquelle nous n'aurions pas assez de larmes, sera l'ouvrage de cette liberté funeste que les gouvernemens nous ont laissée. On ne peut assez le dire, on ne peut assez le répéter à tous les gouvernemens de l'Europe : ils n'ont pas tué la révolution, puisqu'ils n'ont pas su la désarmer ; et tant que la liberté de la presse existera, il n'est pour eux, il n'est pour nous aucune espérance de tranquillité, aucune paix durable, aucun bonheur possible ; et s'il étoit vrai que la liberté de la presse se trouvât réellement dans l'essence du gouvernement représentatif, ce que je ne crois pas, il faudroit le dire également à la France, à l'Europe, au monde entier : Tous les gouvernemens représentatifs ne peuvent espérer long-temps une paix solide, et sont exposés sans cesse à des agitations plus ou moins dangereuses.

En vain nous parlera-t-on des lois répressives, sous l'empire d'une Charte constitutionnelle qui consacre l'entière liberté de toutes les opinions. Je le demande à tous ceux qui savent réfléchir, comment s'y prendra le législateur pour garantir la nation contre l'envahissement des funestes doctrines? en adoptant le système d'une tolérance universelle, le gouvernement ne donne-t-il pas à toutes les erreurs le moyen légal de s'introduire, de s'étendre et de s'établir? Alors, quels dogmes religieux seront à l'abri des attaques, et pourront résister aux sophismes d'une raison dépravée? Puisque chacun, dans un tel système, est libre de professer la croyance qui charme son esprit et qui plaît à son cœur, de quel droit oseroit-on condamner le plus insensé des sectaires et le plus coupable de tous les sophistes? L'athée lui-même ne pourra-t-il pas invoquer les lois de son pays, et réclamer l'indépendance de sa raison privée?

Si la raison, comme nous l'enseigne le coryphée de la moderne philosophie, si la raison doit être l'unique juge en matière de foi, comment pourroit-on violer la loi fondamentale, et la tuer dans son principe par des lois répressives? Si l'on pose des limites à la tolérance, tous les constitutionnels vont crier à l'oppression, vont accuser le pouvoir d'enfreindre la loi politique, et de manquer à la foi des sermens! D'ailleurs, si l'on veut opposer une barrière au débordement des mauvaises doctrines, je le demande, où placera-t-on cette barrière, et jusqu'ou sera-t-il permis de descendre dans l'abîme de l'erreur? Un tel problème n'est pas facile à résoudre, et quant à moi, je ne trouve, constitutionnellement parlant, aucun moyen de sortir d'un labyrinthe aussi compliqué. Dès que l'on mettra des bornes à la tolérance, on se mettra nécessairement dans un état de guerre avec la souveraineté de la raison que cependant on a reconnue, et la position du gouvernement deviendra fausse, embarrassée, et dès-lors sa dignité sera compromise.

Si toutes les religions de l'Europe reposoient sur les principes d'autorité, les gouvernemens trouveroient dans un tel principe les moyens d'empêcher les progrès du mal, et de prévenir la ruine entière de toutes les croyances. S'il existoit dans chaque Eglise un tribunal souverain chargé de défendre l'intégrité de la doctrine, on pourroit peut-être peut-être réaliser un ordre quelconque dans cette espèce de chaos, on auroit plus rarement à craindre des erreurs nouvelles, et la tolérance n'entraîneroit pas les calamités qui en seront toujours inséparables. Mais hors de l'Eglise catholique, ce tribunal suprême n'existe nulle part; et partout ailleurs les nouveautés les plus monstrueuses peuvent s'introduire et s'établir sans redouter les foudres de l'anathème. Il est donc bien évident que le pouvoir, en consacrant l'entière liberté des opinions religieuses, a creusé le tombeau de toutes les croyances, et qu'un pyrrhonisme universel deviendroit tôt ou tard le malheureux partage de l'Europe entière, si la Providence n'avoit pas en réserve quelques moyens extraordinaires, et sans doute inattendus, de sauver du dernier naufrage une société qui marche visiblement vers une complète dissolution. La logique de l'erreur est si conséquente sous un certain rapport, qu'une erreur une fois admise en principe dans une société quelconque, finit nécessairement par se faire légitimer jusque dans ses dernières conséquences.

Si l'on pouvoit douter encore de la justesse de ces observations, nous n'avons qu'à contempler la France. Le gouvernement, justement effrayé des graves périls où la liberté de la presse le conduisoit, avoit prétendu restreindre, bien foiblement encore, cette turbulente et funeste liberté ; mais ce timide régime d'exception se trouva bientôt repoussé par l'opinion générale, et les ridicules procès de *tendance* tombèrent promptement dans un profond discrédit, tel qu'on s'en fait aujourd'hui l'idée. Il devint bientôt impossible de faire passer une nouvelle loi restrictive sur les abus de la presse, et le dernier ministète est à peine arraché du pouvoir, que celui qui lui succède se croit dans la nécessité de proposer l'abolition de la censure facultative, et par-là d'abandonner au parti vainqueur la seule arme qui lui restât pour se défendre dans un moment de péril. Tout cela est beaucoup plus conséquent, n'en déplaise à certains individus, qu'on ne seroit peut-être tenté de le croire ; et les libéraux, en réclamant la suppression des dernières lois exceptionnelles, ne font que demander les conséquences rigoureuses du principe fondamental qu'on eut l'imprudence de leur accorder en restaurant la monarchie. Si l'on veut se défendre avec succès, il faut choisir une position qui ne laisse aucune prise aux attaques de l'ennemi, sans quoi la défaite est inévitable, et tôt ou tard il faut succomber.

Je ne viens cependant point ici prêcher la désobéissance aux lois politiques : libre de dire ma pensée, je l'exprime sans défiance et sans détour ; mais obéir est la première loi de tous ceux qui partagent mes doctrines ; à nos yeux, professer des maximes de rébellion est toujours un exécrable attentat; nous serions soumis et fidèles aux Etats-Unis comme en France, à Londres comme à Constantinople, et notre cri seroit, dans tous les cas, celui des Vendéens : *Vive le roi, quand même.*

Mais le pouvoir, en livrant le Christianisme aux attaques de toutes les erreurs, aura-t-il songé, du moins, à se protéger lui-même, et les factieux pourront-ils impunément outrager la majesté du trône, et traîner dans la boue les nobles attributs de la souveraineté? Hélas! dans ce siècle d'illusion, d'égaremens et de vertige, la royauté même est descendue volontairement de la place qu'elle occupoit jadis. Il est vrai que partout où s'est propagée la manie des constitutions, on a déclaré la personne du monarque inviolable et sacrée. Mais, par une fiction déplorable, on a partout détruit l'effet de cette imposante déclaration. Il est défendu d'attaquer la personne du prince, mais il est permis d'insulter ses ministres, de les avilir dans l'opinion publique, de verser le mépris et le ridicule sur les dépositaires de la volonté souveraine. Or, n'est-ce pas là, je le demande à tous les hommes de bonne foi, n'est-ce pas là dégrader, méconnoître, avilir la majesté royale? Les peuples conserveront-ils long-temps pour la souveraineté ce respect, cet amour, cette vénération nécessaires au maintien de la tranquillité générale, s'il est permis au dernier citoyen de flétrir la personne et les actes des ministres qu'elle aura choisis ? n'est-ce pas dire à la nation que le prince a compromis le bonheur public par la foiblesse de son caractère, par une déplorable ineptie, ou par les combinaisons d'une volonté tyrannique et perverse ? n'est-ce pas là dissiper et détruire les prestiges qui doivent environner le trône, et précipiter la nation dans cet esprit de malaise, d'inquiétude et de mécontentement, infaillible précurseur des discordes civiles et des plus horribles tempêtes? La superbe raison de nos grands philosophes peut, sans doute, contredire une vérité pareille ; mais le bon sens la proclame d'un bout de la terre à l'autre, et son oracle est plus sûr que l'oracle trompeur de la moderne philosophie.

Mais que deviendroient, va-t-on s'écrier, tous les gouvernemens représentatifs, sans la découverte de cette ingénieuse fiction? Si des ministres insensés ou prévaricateurs peuvent impunément violer la Charte constitutionnelle, autant valoit-il n'en donner aucune, et se résoudre à gémir sous la verge du pouvoir absolu. Je ne prétends point détruire la force d'une telle objection, qui me semble tout-à-fait insoluble ; et puisque, séduite par de brillantes théories, une partie de l'Europe a cru devoir embrasser le système des gouvernemens représentatifs, il faut bien subir les conséquences nécessaires d'un semblable régime. Mais, sans doute il me sera permis de le dire, une pareille fiction ne tend qu'à rabaisser la majesté royale, et sous les apparences d'un vain respect, elle n'aboutit pas moins indirectement au mépris de l'autorité souveraine.

N'est-il pas évident que dans un siècle tel que le nôtre, dans un temps où l'intérêt personnel est la première de toutes les lois, le ministère sera nécessairement poursuivi par les clameurs de tous les méchans; et que la haine publique, excitée par les déclamations d'un essaim de folliculaires, deviendra tôt ou tard la récompense de ses travaux, de ses veilles et même de ses vertus? Est-il possible de prendre une seule mesure, de faire un seul acte, et même de prononcer un seul discours, sans froisser les intérêts de quelques citoyens, sans irriter l'amour-propre de quelques autres, et, par conséquent, sans répandre des craintes, sans exciter des murmures, et sans amener des résistances plus ou moins prononcées?

Si les hommes étoient en général assez justes, assez grands, assez magnanimes pour sacrifier à l'intérêt de la majorité les intérêts privés de leur fortune, de leur gloire ou de leur ambition; s'ils avoient, en outre, un esprit assez éclairé pour reconnoître, au premier coup d'œil, ou du moins en réfléchissant, les biens et les maux qui doivent nécessairement sortir d'un tel système de politique, de finance, ou d'administration; alors, sans doute, le ministère n'auroit à subir que les justes châtimens de ses prévarications, de son incurie ou de son incapacité. Alors, sans doute, la calomnie ne viendroit jamais flétrir une conduite honorable, et répandre indirectement sur la royauté ses homicides et détestables poisons. Mais, que les hommes de tous les siècles, que les hommes du nôtre surtout sont loin de tant de justice, de tant de vertus et de tant de générosité! Qui sait immoler son intérêt, ou même son amour-propre, au bonheur de sa patrie, et rendre justice à des mesures qui viennent le troubler dans ses moindres affections?

D'un autre côté, tout le monde frappe à la porte du ministère, et quand le ministère auroit à sa disposition tous les honneurs et tous les emplois de l'univers entier, il seroit encore dans l'impuissance de satisfaire à toutes les demandes et d'assouvir toutes les ambitions : de nombreux mécontentemens sont donc inévitables, et le ministère, fût-il une réunion d'être surnaturels, seroit dans l'absolue impossibilité de marcher en paix, et de se maintenir en face de toutes les passions humaines, qui ne tarderont jamais long-temps de s'ameuter contre son existence, et de porter ainsi de fréquentes atteintes à la dignité du monarque, sur lequel tombera nécessairement en définitive le mécontentement général d'une nation sans cesse agitée par les factum de la presse et par les déclamations de la tribune.

Souvent un léger dépit suffira pour rendre un homme aveugle et sourd, et pour embraser de toutes les fureurs de la vengeance un citoyen jusque-là distingué par un noble et généreux caractère. Alors vous l'entendrez rugir contre les actes d'un ministère autrefois son idole; alors, ce ministère si plein de droiture et de bonne foi n'offrira plus qu'astuce, hypocrisie et déloyauté; alors ce ministère, dont lui-même exalta les talens, ne sera plus qu'un assemblage d'ignorance, d'ineptie et de turpitude; alors ce ministère, qu'il proclama le sauveur de la monarchie, ne mérite plus que la haine universelle, et sa mise en accusation devient une mesure indispensable de salut public. Que dis-je? entraîné par son amour-propre, on désertera peut-être les rangs de la fidélité, et devenu bientôt un malheureux transfuge, on répétera, sans rougir, les dangereuses maximes que jadis on avoit pulvérisées de toutes les foudres de son éloquence.

Plût à Dieu que cette peinture fût aussi mensongère qu'elle est véritable! plût à Dieu qu'on ne vît pas le génie prostituer son organe au triomphe d'une secte perfide qui deviendra son premier bourreau! Mais, hélas! nous n'avons qu'à tourner les yeux, et ce spectacle, fait pour navrer tous les cœurs, viendra bientôt s'offrir à nos regards épouvantés. Nous verrons des hommes, jusque-là défenseurs généreux de la monarchie et de la religion, se liguer avec les ennemis éternels de la religion et de la monarchie ; oubliant les prédictions sinistres qu'ils nous adressoient dans un temps moins critique et moins périlleux, ils n'ont pas tremblé de souscrire un traité d'alliance avec le parti de la révolution ; ils ont cessé d'entendre les menaces de cette révolution que jadis ils combattirent ; ils ont cessé de voir l'abîme effrayant que jadis ils nous signalèrent ; et dans leur aveuglement, ils s'aident à nous traîner sur les bords du gouffre au fond duquel ils se verront précipités avec nous. Pourquoi cette conduite vraiment inexplicable ? C'est qu'il s'agit de venger une injure et de punir une offense ; c'est qu'il falloit anéantir le ministère qui nous avoit déplu ; c'est qu'après l'avoir renversé dans la boue, on se plaît encore à fouler son cadavre. Mais puisqu'après la chute de ce ministère si vivement attaqué, de tels hommes n'ont pas craint de maintenir une alliance monstrueuse avec le parti de la révolution ; puisqu'ils n'ont pas même frémi d'en resserrer les funestes liens, on a raison de leur dire, comme le dira l'équitable postérité : Ce n'est pas l'amour de la patrie qui vous animoit ; c'est uniquement pour venger la cause d'un amour-propre irrité ; c'est pour satisfaire une passion, et non pour remplir un devoir : et vous nous feriez croire que ce ministère obtiendroit encore vos éloges comme autrefois, s'il avoit su davantage caresser votre orgueil, et ménager l'ambition qui vous perd.

Tout ce qui se passe en France depuis quatorze ans devroit convaincre les plus incrédules, et leur prouver qu'aucun ministère ne pourra se maintenir dans le système actuel. Je ne crains pas même de dire que plus un ministère approchera de cette perfection compatible avec la nature humaine, plus il trouvera sa route encombrée de nombreux ennemis et de puissantes difficultés. Tous les hommes corrompus se réuniront pour l'abattre ; et combien d'hommes, sans perversité profonde, s'indigneront encore de l'entendre surnommer le Juste, et seront prêts à lui faire subir le sort du vertueux Aristide !

S'il est permis à tous les journalistes de condamner une administration que souvent ils n'auront pas l'avantage de comprendre, s'il est permis au dernier vampire de la littérature de le dévouer chaque jour à la malignité d'un public toujours ami des choses nouvelles et toujours prêt à croire toutes les satires dirigées contre les hommes du pouvoir, je le demande, n'est-il pas évident qu'avec une liberté pareille il est impossible au plus parfait de tous les ministères de conserver deux ans l'estime et la confiance de ses concitoyens ? n'est-il pas évident que sa chute deviendra bientôt pour le monarque, non-seulement une mesure de prudence, mais encore de rigoureuse nécessité ? Ne suffiroit-il pas de trois ou quatre journalistes pour agiter toute la France, et pour répandre, au milieu de la prospérité nationale, un esprit d'inquiétude, de crainte et d'irritation ?

La liberté d'attaquer le ministère d'une manière publique seroit un très-grand mal chez un peuple encore vierge dans ses mœurs et dans sa religion ; mais chez un peuple que les factions divisent, où l'intérêt personnel est la première de toutes les lois, où toutes les passions fermentent sans être réprimées par le frein des croyances, une licence pareille est la plus effrayante de toutes les calamités. Pour une telle nation, il n'est plus d'avenir glorieux ; on se traînera de ministère en ministère, et la royauté, nécessairement avilie par un système aussi dégradant, tombera tôt ou tard devant les attaques de la démocratie. La royauté, séduite par le chant des sirènes, a cru vaincre la révolution en transigeant avec elle. En refusant de reconnoître la souveraineté du peuple dans son premier principe, elle s'est flattée de pouvoir admettre, sans inconvénient, une grande partie de ses conséquences ; elle a nié le droit, mais en établissant le fait ; et son erreur ne sera détruite, suivant toutes les apparences, que par les malheurs d'une révolution nouvelle aussi terrible que la première.

CHAPITRE VI.

DE LA RESTAURATION. -- SUITE DU CHAP. PRÉCÉDENT.

On fait un grand bruit de l'initiative royale ; et sans doute, en théorie, elle paroît suffisante pour la garantie de la royauté : mais quand on arrive à l'application, on ne tarde pas d'en reconnoître l'insuffisance et même la nullité parfaite. En effet, qu'est-ce qu'une monarchie sous l'empire d'une Charte constitutionnelle dont l'élément démocratique seul a prévalu dans les lois, si ce n'est une vaste république dont la présidence est héréditaire? Les ministres sont à la nomination du Roi; mais, dans la réalité, ce sont les ministres des deux chambres. Que les deux chambres se trouvent en opposition avec la royauté ; que l'une d'elles seulement se précipite en aveugle dans les principes de la turbulente démocratie, les ministres ne sont-ils pas contraints de suivre un mouvement analogue, et d'abandonner le prince à la merci des factions? Si les deux chambres, si l'une d'elles seulement réclame avec instance des lois de désordre, de licence et d'anarchie, les ministres oseront-ils résister à cette funeste et déplorable tendance? S'ils ont assez de courage pour défendre la royauté qu'on prétend avilir, n'est-il pas évident que leur existence ministérielle sera bientôt compromise, et qu'une chute rapide deviendra la récompense de leur généreux dévoûment? Le Roi, dit-on, pourra mépriser d'insolentes clameurs et conserver des ministres qui surent mériter sa confiance et conquérir son estime. Insensés qui tenez ce langage! ne savez-vous pas que les chambres, sans lever le drapeau de la rébellion, trouveront toujours dans leur puissance d'inertie l'infaillible moyen d'arriver à leur but, et d'arracher de leurs siéges les ministres opiniâtres qui refuseroient de marcher et d'agir dans le sens de leur despotique majorité? Elles repousseront toutes les lois proposées par le ministère; elles ne craindront pas de rejeter le budjet de l'empire, et la royauté n'aura d'autre alternative que de sacrifier ce ministère fidèle, ou de tenter la voie des coups d'état, toujours si téméraire et si périlleuse. Si par conséquent une factieuse majorité pénètre dans les deux chambres, ou seulement dans la chambre élective, il faudra que la royauté subisse nécessairement sa domination révolutionnaire, qu'elle accepte, sans mot dire, tous les ministres qu'il lui plaira de signaler tour à tour; qu'elle cède à tous ses caprices, qu'elle obéisse à toutes ses fureurs, qu'elle se laisse doucement arracher du trône sur lequel elle est assise et qui n'est plus qu'un brillant et vain simulacre ; ou que la royauté s'expose à s'en voir précipiter avec violence en essayant de reprendre son autorité primitive, en brisant les liens qu'elle s'imposa dans sa généreuse crédulité, en déchirant d'une main parjure le pacte constitutionnel qu'elle avoit eu le malheur de souscrire. Or, je le demande à tous les hommes de bonne foi, quelle différence trouverons-nous entre un régime pareil et le gouvernement républicain? Si le Roi ne change pas les fonctionnaires publics au gré de la majorité législative, s'il ne fait pas la guerre, s'il ne conclut pas la paix quand cette majorité l'aura voulu ; s'il n'est pas, enfin, le passible instrument de toutes ses volontés, on provoquera le renvoi des ministres ; et si le Roi ne veut pas céder à cette demande, les journaux se répandront en déclamations furibondes; et, grâce à la fiction dont nous parlions tout à l'heure, on trouvera le moyen d'égarer l'esprit de la nation, d'exciter de toutes parts des inquiétudes, des craintes, des alarmes, et d'environner la royauté de tant de périls qu'elle se verra contrainte enfin d'obéir à la voix du parti qui la presse, et de faire toutes les concessions qu'il exige. Si la royauté s'obstine, ne se place-t-elle pas dans la triste position de voir repousser, par une tactique inséparable de cette forme de gouvernement, et ses lois les plus paternelles, et ses institutions les plus sages? Ne court-elle pas le risque d'essuyer le refus du crédit nécessaire à la marche des affaires publiques, et de voir compromettre ainsi la dignité de l'autorité royale et l'existence même de la royauté ? Ne sera-t-elle pas condamnée à changer ses ministres, jusqu'à ce qu'il arrive un ministère composé dans le sens de la majorité représentative, et alors n'est-il pas évident que la démocratie pourra légalement tenter l'essai de ses funestes théories, et précipiter l'empire dans toutes les innovations qu'elle rêve dans son incurable démence ? Or, je le demande encore, une telle monarchie est-elle autre chose qu'une véritable république ? et n'est-ce pas, en effet, dans les chambres que réside le véritable gouvernement ? Tout cela me paroît d'une telle évidence que je croirois faire une insulte au bon sens de mes lecteurs en insistant davantage, et me moquer de tout loyal citoyen qui voudra bien me lire, réfléchir et méditer.

Pour répondre à des raisonnemens semblables, on ne manque jamais de citer l'exemple de l'Angleterre, et d'attribuer à la forme de son gouvernement la domination qu'elle a conquise sur toutes les mers, la liberté dont elle paroît jouir dans l'intérieur de son empire, et la prospérité qui semble accompagner sa glorieuse existence. Mais d'abord il n'est pas juste de comparer l'Angleterre aux gouvernemens constitutionnels que l'on remarque dans d'autres contrées ; la constitution britannique est fondée sur les bases d'une large et forte aristocratie, et la chambre des communes ne présente que fort peu d'élémens démocratiques. C'est l'esprit de la féodalité qui préside encore au choix de la représentation nationale, et le régime anglais est à peu près celui qui régnoit dans la plus grande partie de l'Europe avant les attentats commis par la révolution française sur la plupart des constitutions politiques de ce vaste continent. C'est à peu près la même composition que celle des états-généraux en France et des diètes de Hongrie et d'Allemagne. Les Anglais n'ont pas fait comme la France, ils n'ont pas fait table rase ; ils ont eu plus de respect pour les institutions antiques, et n'ont pas eu la folie de croire qu'avant eux la nation n'avoit eu ni sagesse, ni raison, ni bon sens. Il ne faut donc pas comparer des choses qui n'ont aucun rapport, et faire des raisonnemens qui ne reposent sur aucun principe commun. D'ailleurs, l'Angleterre est-elle aussi libre qu'on a vulgairement la sottise de le dire et peut-être la bonne foi de le croire? Interrogez donc les malheureux catholiques, et vous entendrez quelle sera leur réponse. Ils vous diront que, sous l'empire de cette liberté prétendue, ils gémissent dans une véritable et profonde servitude ; que leur sort est celui des Ilotes de Lacédémone, et que la Charte n'est pour eux qu'un instrument de torture, d'injustice et d'oppression. Cependant les catholiques sont partout, et dans plusieurs régions des trois royaumes ils forment une imposante majorité. Après tout, quelle est même la liberté de la partie protestante? Le peuple anglais n'est-il pas le jouet forcé d'une superbe aristocratie, et sa représentation dans la chambre des communes n'est-elle pas une véritable déception? J'en appelle à la conscience de tous les hommes qui connoissent l'esprit de la constitution britannique, et je ne crains pas à cet égard d'être contredit et confondu. Quels bienfaits le peuple anglais a-t-il retirés de ses institutions, si ce n'est d'être devenu le peuple le plus imposé de la terre? Je vois là, sans doute, une aristocratie très-riche, très-fière et très-puissante; mais j'y trouve en même temps le plus misérable de tous les peuples.

L'Angleterre est parvenue à dominer sur les mers; mais doit-elle un semblable empire à la forme de son gouvernement? Ne le doit-elle pas plutôt exclusivement à cette position qui la sépare des nations continentales et qui la met à l'abri des invasions étrangères? Si l'Angleterre a conservé son attitude devant le génie de Bonaparte, est-ce la constitution qui l'a sauvée d'une ruine entière et qui l'a préservée d'une honte éternelle? Si l'Angleterre a conquis les Indes, n'est-ce pas en adoptant une marche condamnée par les principes de sa constitution même? Pour asservir à sa verge de fer les peuples de ces malheureuses contrées, n'a-t-elle pas enfreint toutes les lois de la justice, et le sang de l'infortuné Tipoo Saëb ne crie-t-il pas vengeance contre sa violente et barbare politique? Qu'a fait l'Angleterre, sinon tromper par les ruses de sa diplomatie les nations que ses armes n'avoient pu subjuguer? L'Angleterre a-t-elle une autre loi que celle d'un intérêt sordide et d'une ambition sans frein? N'a-t-on pas vu son gouvernement combattre dans un climat les principes qu'il établissoit dans un autre? La foi de la superbe Carthage n'est-elle pas devenue la sienne, et ses proconsuls n'ont-ils pas surpassé tous les crimes de Verrès? L'esclavage de ses colonies a flétri l'éclat de toute sa gloire, et les larmes des peuples ont cimenté sa fortune. Est-ce donc le génie de la liberté qui préside aux conseils du cabinet de Saint-James, et le parlement britannique est-il donc le vil instigateur de cettte politique pleine d'astuce, d'égoïsme et de cupidité? Non sans doute, non; rendons justice à cet auguste sénat; loin de pousser le gouvernement vers cet esprit de conquêtes, il essaya souvent d'en arrêter l'essor, et souvent il condamna la conduite de ses divers ministères. Ce n'est donc point à sa constitution que l'Angleterre a dû l'empire universel qu'elle a conquis, c'est au contraire en dépit de la constitution qu'elle est montée à cet excès de puissance qui est un sujet d'alarmes pour toutes les nations de l'univers. Qu'on cesse donc enfin de nous opposer l'exemple de l'Angleterre, et qu'on songe d'ailleurs que le même gouvernement ne convient pas à tous les peuples. Ajoutons que si la démocratie parvenoit à dominer chez elle, nous verrions promptement disparoître ce géant de gloire, et que sa prospérité, plus factice que réelle, s'évanouiroit comme un songe devant le génie de ses turbulens radicaux. Depuis long-temps la démocratie auroit en effet débordé le gouvernement anglais, si ce peuple n'étoit pas courbé sous le régime des aristocrates qui ne lui permettent pas d'usurper la puissance. Les armées de l'Angleterre ne sont pas nationales; elles se composent, en général, d'une foule de soldats étrangers qu'on enchaîne par une sévère discipline, et sur qui les séductions de l'amour sacré de la patrie ne peuvent exercer aucune influence. Qu'importent à des hommes vendus au gouvernement qui les solde, l'intérêt, la liberté, la gloire et le bonheur de l'Angleterre? D'ailleurs si le ministère, toujours élu dans le parti de l'aristocratie, venoit à s'apercevoir qu'un régiment incline vers les radicaux, et qu'il seroit capable d'appuyer leurs projets, il se hâte aussitôt de le faire embarquer, de l'envoyer dans un climat lointain et de le remplacer par des légions plus soumises. Par un tel système, l'aristocratie, qui domine exclusivement l'Angleterre, tend sans cesse à maintenir son despotisme, et l'esprit démocratique s'y trouve comprimé par une puissante réunion de circonstances qui ne se trouvent nulle part ailleurs.

La France est loin, surtout, de posséder d'aussi grands avantages, si l'on peut donner le nom d'avantages à des moyens qui favorisent le pouvoir du petit nombre pour assurer la dure oppression du plus grand. Quoi qu'il en soit, c'est la démocratie qui déborde en France, qui finira par tout envahir, qui précipitera nécessairement ce beau royaume dans une révolution plus ou moins prochaine, et qui, par conséquent, produira de nouveau dans toute l'Europe de sanglantes discordes et de longs déchiremens. On sent assez que la France ne peut pas tomber dans un état de convulsion sans ébranler la paix du monde, et sans ramener les peuples à de nouvelles luttes plus ou moins longues et plus ou moins terribles. Dès qu'une erreur fondamentale s'est introduite chez une grande nation, cette erreur aura nécessairement tôt ou tard d'immenses résultats, et la société politique dont les entrailles portent ce germe de mort, a besoin de subir tous les accès d'une fièvre chaude et violente, pour reconquérir le principe de vie qui l'abandonne, et pour rétablir la force de son tempérament qui s'affoiblit, qui s'énerve et qui tendoit à sa dissolution. Il seroit absolument indispensable, en France, d'enchaîner pour jamais la démocratie, ou la démocratie ne sera pas long-temps sans avoir tout confondu, tout bouleversé et tout détruit.

Mais, va-t-on s'écrier, sans doute, pourquoi parlez-vous sans cesse de révolution, et venez-vous ressusciter un fantôme qui n'est plus dans les idées ni dans les espérances d'aucun citoyen? Tout le monde est las de discordes, et l'Europe entière a besoin d'ordre, de paix et de bonheur. Juste Dieu! est-il possible d'entendre un pareil langage sans frémir d'une sainte indignation, ou sans gémir d'une profonde pitié? Est-il possible d'écouter de sang-froid les perfides protestations de nos vétérans d'anarchie, et de croire à la sincérité des hommes qui n'ont pas craint d'applaudir aux tentatives des factieux de tous les temps et de tous les pays? Est-il possible de contempler, sans une véritable compassion, l'étrange sécurité de ces royalistes qui s'endorment sur la foi des orages, et qui tendent des mains imprudentes à l'ennemi qui les précipite avec nous dans le chemin des abîmes? Quand, au lieu de réprimer la tyrannie de la presse qui menace de tout asservir et de tout détruire, on vient encore élargir les portes de la licence et démuseler tous les vampires de la littérature; quand, au lieu de consolider le trône de la monarchie dont les fondemens reposoient déjà sur un sol de sable et d'argile, on s'efforce encore de disloquer ces fondemens si mobiles et si frêles, qu'on arrache l'une après l'autre toutes les armes de la royauté, qu'inondé par la démocratie, on veut encore augmenter l'étendue de ses débordemens; quand, au lieu de défendre une religion qui seule peut garantir la monarchie et surtout la liberté, on ne craint pas d'en calomnier les institutions, d'en arrêter les salutaires progrès, de la tuer dans son principe en entravant l'augmentation de la sainte milice du sanctuaire; quand, au lieu de maudire nos jours de honte et de calamité, on ne rougit pas de justifier les plus grands attentats de la révolution, de célébrer la mémoire des factieux les plus criminels, et de proposer à l'admiration de la jeunesse française les hommes éminemment coupables qui nous avoient perdus; quand, enfin, la révolution nous apparoît de toutes parts plus audacieuse et plus insensée que jamais; c'est dans un tel moment qu'on va croire à sa modération, et qu'on a la folie de s'endormir dans une fatale sécurité! Parce que la révolution n'a pas encore dressé les poignards qu'elle aiguise depuis si long-temps, parce que les rugissemens du tigre sont encore étouffés par un reste de prudence, parce que des cris de mort ne se font pas entendre encore, parce que des bandes féroces ne viennent pas encore épouvanter nos oreilles et glacer nos cœurs, on se rassure, on se tranquillise, on se berce d'espérances, et nos discours ne paroissent inspirés que par les accès d'une noire misanthropie. C'est ainsi que l'Europe écouta les prédictions de Burke au moment où elles alloient s'accomplir.

La révolution est en pleine marche, et vous ne voulez pas qu'elle arrive! Ne l'avez-vous pas entendue réclamant une loi d'élections entièrement fondée sur les principes de la démocratie? Ne l'avez-vous pas entendue sollicitant l'absolue indépendance des autorités municipales? Ne l'avez-vous pas entendue provoquant l'abolition de la censure facultative, de ce dernier et foible rempart d'un pouvoir qui s'affaisse, et d'une monarchie qui s'écroule? Ne l'avez-vous pas entendue demandant l'autorisation de faire circuler sa correspondance sans être obligée de recourir au service de la poste ordinaire? Elle veut régner dans les élections par ses prolétaires et par ses hommes de néant; elle veut asservir les municipalités et pouvoir impunément transmettre par des voies clandestines les circulaires, les instructions et les décrets de son comité directeur. Elle veut pouvoir achever la complète organisation de son gouvernement occulte, sans avoir même à redouter le tardif réveil du véritable gouvernement. Or, dites-le-moi, si la révolution ne méditoit pas de nouvelles tentatives, à quoi bon toutes ces ruses et toutes ces précautions? Quand on veut la monarchie, appelle-t-on les lois, les mœurs et toutes les formes républicaines? On ne veut pas de révolution, et l'on prêche toutes ses maximes, presque sans retenue, sans déguisement et sans frein! On ne veut pas de révolution, et le roi n'a plus qu'une ombre d'autorité, et les fonctionnaires publics n'osent plus défendre un gouvernement qui les méconnoît, qui les désavoue et qui les sacrifie! On ne veut pas de révolution, et la révolution est déjà commencée!

Une foule de royalistes crédules prennent nos trop justes alarmes pour les rêves d'une ardente et sombre imagination; ils nous accusent de tout exagérer, et ces gens-là se flattent de nous avoir répondu, quand ils ont dit d'une voix naïve, *c'est un homme qui voit tout en noir*. Mais n'en déplaise à ces doucereux philintes, nous ne sommes point des misanthropes, c'est au contraire le vif intérêt que nous portons à la sainte cause de l'humanité qui nous arrache des larmes, des plaintes et des cris. Plût au Ciel qu'en sacrifiant ma vie, il me fût donné de guérir de leurs fatales erreurs mes infortunés contemporains! avec quelle joie je ferois un semblable sacrifice! O mon Dieu! toi qui lis dans le fond de mes pensées, tu connois les sentimens qui m'animent, et sans doute tu rends justice à la sincérité de mon dévoûment! tu sais combien je serois content si j'avois le bonheur de me tromper sur l'avenir qui se prépare et sur les destinées qui nous attendent! Plût à Dieu qu'une sage liberté sortît enfin triomphante de nos longues dissensions, et que le spectacle de la félicité publique confondît bientôt les idées qui m'obsèdent, et donnât gain de cause à tous ceux qui ne partagent pas mes tristes pressentimens! Mais, hélas! combien ne faudroit-il pas s'aveugler pour s'endormir dans une funeste léthargie, et pour ne pas entendre la marche de la révolution qui s'approche! Les libéraux, nous dit-on, ne demandent que la franche exécution de la Charte constitutionnelle, et ne songent plus à réaliser de brillantes chimères dont ils ont reconnu comme nous le ridicule et le danger. Mais, alors, pourquoi nous pousser vers la démocratie qui déjà nous déborde et qui ne manquera pas de nous envahir? Mais, alors, pourquoi regarder avec un œil d'envie les derniers appuis qui soutiennent le trône, et proclamer hautement l'intention d'en revenir aux doctrines de l'assemblée constituante? Mais, alors, pourquoi briser les dernières entraves de la presse, et garantir à la licence une dangereuse impunité? Nous flattons-nous d'être plus sages et plus modérés que nos pères? Pensons-nous que les mêmes erreurs ne produiront pas les mêmes résultats, et le cœur humain seroit-il changé depuis trente ans? Ah! malheureux, aveugles, insensés que nous sommes, nous courons vers le même abîme, et nous ne voulons pas que l'abîme nous engloutisse! Au milieu du plus grand égoïsme, nous avons la folie de rêver l'empire d'une liberté qui demande et le désintéressement le plus généreux, et la réunion des vertus les plus magnanimes! Arrivés aux mœurs corrompues du siècle de Tibère, nous songeons à l'indépendance des jours heureux de Fabricius et de Camille! Dans une époque où l'on méconnoît la foi des sermens, où nous avons vu la plupart des hommes servir et tromper tour à tour les divers gouvernemens qui nous ont régis, où les plus zélés partisans du système républicain n'ont pas rougi de tomber aux genoux d'un despote, et de porter les livrées d'une humiliante servitude, c'est alors que nous avons l'imbécillité de croire au sincère patriotisme des rhéteurs qui nous séduisent et des sophistes qui veulent nous entraîner dans la voie des innovations!

On se rassure à l'aspect de la modération qu'affectent les coryphés de l'opinion libérale; quant à moi je n'y trouve qu'un nouveau motif de craindre, de gémir, et de trembler. En effet, si la révolution se montroit à nous sous la figure de Robespierre ou de Danton, j'oserois compter sur sa défaite et prédire avec assurance le triomphe des véritables doctrines. Alors, sans doute, une salutaire épouvante descendroit au fond de tous les cœurs généreux, et peut-être une sainte indignation s'emparant de l'Europe entière, écraseroit pour toujours le monstre qui s'avance pour nous dévorer. Mais quand la révolution nous aborde avec des paroles de conciliation, de bienveillance et de paix; quand elle choisit pour ses organes des hommes que distinguent une conduite honorable et de nobles sentimens, c'est alors qu'elle est vraiment redoutable et que sa victoire plus ou moins prochaine est infailliblement assurée. C'est alors qu'on ne se défie plus de ses sinistres projets; les peuples se laissent captiver et séduire, les gouvernemens s'endorment, et les hommes clairvoyans passent, aux yeux de leur patrie, pour de farouches misanthropes et de fanatiques visionnaires. Les qualités morales d'un Casimir Perrier et d'un Royer Collard font plus de mal à la France que les rêves démocratiques d'un Boulay de la Meurthe ou d'un abbé Grégoire. On craindroit ceux-ci, mais on se confie à ceux-là; on sait que les derniers nous prêchent de dangereuses chimères, et tous les bons citoyens ne leur prêtent aucune attention; mais on se repose sur la probité connue et sur les lumières des premiers, et l'on subit sans inquiétude l'influence des opinions modérées qu'ils professent. Mais une fois sur la pente des idées révolutionnaires, la nation ne s'arrêtera plus dans sa marche, et bientôt elle abandonnera sur ses derrières les hommes dont elle reçut la première impulsion, et qu'elle ne tardera par d'accuser de foiblesse, d'inconséquence et de pusillanimité. Aux yeux d'un peuple égaré par de fausses doctrines, la modération paroît bientôt l'effet d'un timide caractère, et l'on attribue toujours à la peur la réserve d'un homme que sa conscience retient sur les bords de l'abîme où son imprudence l'avoit conduit.

Il faudroit bien se garder de croire que tous les libéraux désirent le triomphe d'une révolution complète; il faudroit bien se garder de croire que des hommes estimables, tels que les Casimir Perrier, les Royer Collard et tant d'autres, ne vissent pas avec une profonde horreur les monstrueux attentats d'un 10 août et d'un 2 septembre; la justice est le premier de tous les devoirs, et la différence d'opinion ne doit jamais égarer notre jugement. Hâtons-nous de le dire, il est parmi les libéraux une foule d'hommes dont la bonne foi ne peut être mise en doute, et qui se rangeroient sous nos drapeaux si de fâcheuses préventions ne leur cachoient pas la vérité, et s'ils pouvoient se convaincre comme nous le sommes, des conséquences inévitables de leurs séduisantes et funestes théories. On ne sait pas assez combien une seule idée fausse est capable d'égarer les meilleurs esprits, et combien il est juste de plaindre une infinité d'hommes sincères qui se trompent, au lieu de les condamner avec une inflexible rigueur. Croire qu'une telle erreur est évidente aux yeux de toutes les intelligences, parce qu'elle est incontestable et claire aux yeux de la nôtre, c'est une grande faute de jugement, et l'homme de bien ne doit jamais y tomber.

Mais quoi qu'il en soit, il n'en est pas moins vrai que les hommes modérés, imbus d'un faux système, sont mille fois plus dangereux en fait de révolution que les exagérés et les fanatiques. A la vérité ceux-ci ne reculeront devant aucun attentat, tandis que les premiers frémissent à la vue du sang qui coule ; mais cependant jamais les jacobins n'auroient opprimé la nation française, si des hommes modérés n'avoient aplani devant eux la route qu'ils ont prise et qu'ils ont parcourue jusqu'à ses dernières limites. Ce sont des rhéteurs, souvent de très-bonne foi, qui posent le premier principe d'une révolution, et ce sont des monstres qui se chargent d'en tirer les dernières conséquences.

Libéraux qui ne voulez pas le malheur de votre patrie, ne méprisez pas mon langage, et repoussez des chimères qui vous perdront après nous ; songez que les hommes seront toujours les mêmes, et que la démocratie sera, comme elle fut toujours, le tombeau de toutes les libertés ; songez qu'en propageant les maximes de l'insurrection, vous amènerez nécessairement des révoltes, et que vous préparez d'avance les armes qui doivent un jour vous détruire ; songez que la religion est le garant unique du bonheur des peuples et de la gloire des nations, qu'elle seule peut enfanter des vertus patriotiques et de généreux citoyens ; qu'en altérant l'unité de l'Eglise catholique vous saperiez la religion par ses fondemens, et que dans un empire sans croyances la liberté n'est plus qu'un instrument de désordre, d'anarchie et de sanglante oppression. Si, restant sourds à la voix de l'expérience, vous persistez dans vos rêves démocratiques, n'en doutez pas un seul instant, vous aurez perdu votre cause, et le joug d'une longue et peut-être d'une éternelle servitude deviendra l'unique refuge des peuples malheureux qu'auront trompés vos mensongères doctrines. Regardez derrière vous, et voyez l'attitude menaçante des hommes qui marchent sous vos bannières. N'entendez-vous pas déjà leurs sourds murmures? N'accusent-ils pas déjà votre modération, et plusieurs journaux même n'ont-ils pas trahi, malgré vous, les projets affreux qu'ils méditent et les coupables espérances qu'ils ont conçues ? Ne voyez-vous pas les admirateurs de Bonaparte qui frémissent d'une joie péniblement concentrée, et les audacieux partisans de la république qui brûlent de vous pousser en avant, afin d'être bientôt en état de paroître au grand jour, d'agir selon l'esprit de leur système, et de supplanter les royalistes de toutes les couleurs? Oseriez-vous penser, auriez-vous la folie de croire que tous les journaux resteront soumis à votre suprême dictature, et que les opinions les plus révolutionnaires ne trouveront pas avant peu des organes plus effrénés que les vôtres? Au Journal des Débats, au Constitutionnel, au Courrier Français, succéderont, n'en doutez pas, de fidèles imitateurs de Camille Desmoulins, et l'ombre de Marat viendra peut-être inspirer le génie d'une foule d'atroces folliculaires. Cela n'arrivera pas, me direz-vous : mais, je vous le demande, indiquez-moi l'infaillible garantie de cette consolante promesse. Où la trouverez-vous? répondez-moi. Les français du dix-neuvième siècle ont-ils moins d'ambition que leurs pères? Nos mœurs sont-elles plus désintéressées, plus religieuses et plus pures? N'a-t-on pas tout fait pour démoraliser le peuple, et pense-t-on qu'une multitude à laquelle on a voulu ravir toutes ses doctrines, aura su repousser entièrement les dons empoisonnés de l'incrédulité moderne? Après cela ose-t-on se flatter qu'on ne trouvera pas au milieu d'elles des armées de séides et des légions de bandits? Des hommes sans Dieu, sans honneur et sans patrie, ne seront-ils pas à la merci du premier scélérat qui ne craindra pas d'invoquer leur appui sanguinaire, et de payer avec de l'argent tous les forfaits qu'il voudra commettre? S'abuser à cet égard est une déplorable illusion qu'il seroit impossible de comprendre, si l'on ne savoit pas jusqu'où peut conduire le fanatisme des opinions politiques. Encore une année, deux ans, trois ans, peut-être, et l'on verra malheureusement combien l'on avoit tort de mépriser des avertissemens semblables. Encore quelque temps, et l'on entendra la révolution proclamer son absolue indépendance en face de l'Europe qui se réveillera palpitante entre les serres du monstre rugissant. Les gouvernemens reconnoîtront enfin la fatale imprudence qu'ils ont commise en dormant à l'abri d'un calme trompeur, en permettant à la révolution de respirer, de s'étendre et de grandir; en laissant affoiblir les nœuds d'une alliance qui devoit sauver le monde et qui ne l'a pas voulu. Alors on nous croira peut-être, car les sourds seront contraints d'entendre et les aveugles seront forcés de voir; mais qui sait jusqu'où la révolution portera ses fureurs, et combien d'années il nous faudra gémir sous l'empire de sa verge oppressive et barbare? Une mesure énergique et générale pourroit encore ranimer les forces d'une société qui s'affaisse d'une manière visible; mais, hélas! gardons-nous de l'espérer. Un aveuglement universel, avant-coureur des plus grands désastres, semble planer sur l'Europe entière, et l'ange des ténèbres paroît avoir répandu dans ces vastes contrées cet esprit de vertige et d'assoupissement qui toujours précéda les grandes catastrophes, la destruction des trônes et la ruine des nations. C'est ainsi qu'autrefois les prédictions de l'infortunée Cassandre ne purent émouvoir les Troyens endormis dans une fatale sécurité. Ulysse et Diomède, altérés de carnage et de sang, venoient de s'introduire dans les murs d'Ilion, et le sommeil régnoit encore au fond du palais d'Assaracus, et le vieux Priam rêvoit encore à l'éternelle durée d'un empire que les Grecs alloient anéantir.

Le but des libéraux, qui sont en ce moment les chefs du parti, est de faire une révolution semblable à celle que subit l'Angleterre sous le règne de l'infortuné Jacques II. Enveloppés du manteau de l'hypocrisie, ils affectent en France une profonde vénération pour cette même Charte qu'ils abhorroient en 1815; ils procèdent, avec une lenteur calculée, au prétendu développement de ses dispositions principales; leur projet est d'arracher à la foiblesse du ministère une nouvelle loi d'élection fondée sur les principes de la démocratie, sûrs qu'avec une loi pareille ils obtiendront une chambre entièrement révolutionnaire, à la place de la chambre actuelle qu'ils feront dissoudre alors, parce que la chambre de 1827 renferme encore des élémens hétérogènes qui les fatiguent et qui les embarrassent.

Leur projet est surtout d'effectuer une réforme générale dans les lois administratives, dans la composition de l'armée, et de peupler tous les emplois de leurs serviles créatures. Quand ils auront tout organisé dans leur sens, une proclamation suffira pour abolir tout à coup la monarchie des Bourbons, et cette Charte royale pour laquelle ils semblent aujourd'hui professer une espèce de culte et d'idolâtrie. Des royalistes pleins de candeur refusent d'apercevoir le piége qu'on leur tend avec une infernale adresse, et ne soupçonnent aucune hypocrisie dans les perfides protestations des hommes de la république et de l'empire. Ils semblent avoir oublié qu'au mois de février 1815, les hommes du 20 mars étoient encore à genoux devant l'auguste fondateur de la Charte, et qu'on traitoit aussi de visionnaires les citoyens qui signaloient l'approche d'un nouvel orage. Tout le monde juroit alors, comme aujourd'hui, de mourir pour la cause des Bourbons, et quelques jours après la foule se précipitoit sur les pas de Napoléon Bonaparte.

Des insensés peuvent croire à la franchise des hommes de l'empire et de la république ; quant à moi je refuserai toujours de partager une aussi fatale illusion. Il me sera toujours impossible de croire à la bonne foi de ces hommes qui ne craignent pas d'appeler une véritable tyrannie le gouvernement paternel qui régit la France depuis quatorze ans. Il me sera toujours impossible de croire à la subite conversion de tous ces vétérans de la discorde, pour qui la monarchie légitime est un insupportable fardeau, et qui ne peuvent jamais oublier les sanglans outrages dont ils l'ont accablée dans les jours de leur éphémère triomphe. Il me sera toujours impossible de croire à la fidélité des partisans de Berton, des admirateurs de Bolivar, et de tous ceux qui ne rougissent pas encore aujourd'hui de justifier la révolte de tous les factieux anciens et modernes. Instruits par les fautes répétées qu'ils ont commises, ils ont résolu de marcher à leur but avec une sage lenteur, et leur apparente modération n'est qu'un nouveau calcul de la secte impie qui pendant soixante ans a conspiré dans l'ombre, et qui d'ailleurs n'est plus dans la nécessité d'employer la violence pour faire une révolution que tout favorise et que tout rend inévitable. Que le ministère refuse un instant de suivre la fatale impulsion qu'on lui donne, et vous verrez ce que deviendra la modération qu'on suppose ! Il faut désormais que le ministère subisse avec ignominie sa domination despotique, ou qu'il succombe devant l'énergie d'une volonté qui n'a plus de frein. Mais comme il est aujourd'hui peu d'hommes capables de se dévouer aux intérêts d'un trône qu'on sape de toutes parts, la révolution va marcher à son but sans rencontrer le plus léger obstacle, et pourvu qu'elle suive avec constance la tactique habile qu'elle semble avoir adoptée, sa victoire est certaine, et ce moment ne peut être éloigné de nous.

Mais, écoutez-moi, libéraux de toutes les couleurs : quand vous aurez vaincu la légitimité que votre cœur abhorre et que votre ingratitude ne peut supporter, n'en doutez pas un instant, la discorde viendra promptement diviser vos redoutables phalanges, et nous verrons tout à coup se dissoudre l'étroite coalition qui fait aujourd'hui votre force, et qui vous donne l'assurance d'un prochain triomphe. Ne sait-on pas que l'art de détruire est votre unique science, et que jamais vous n'eûtes le génie de fonder une institution durable ? Ne sait-on pas qu'une révolution commencée par le crime s'achève toujours par la démence, et que, semblable au rocher détaché d'une montagne, la révolution écrasera toujours les imprudens qui voudroient l'arrêter dans sa course ?

Comme les révolutionnaires des nuances diverses sont tous plus ou moins les ennemis secrets ou déclarés des gouvernemens légitimes, est-il donc étonnant qu'ils s'entendent pour accomplir une destruction qui forme l'objet commun de leurs vœux homicides et de leurs criminelles pensées ? Mais quand la victoire aura couronné leur détestable entreprise, n'en doutez pas davantage, le concert qui nous étonne s'évanouira comme un songe du matin, et ces révolutionnaires, en apparence si tendrement unis, se battront bientôt sur les débris de la monarchie qu'ils vengeront en s'égorgeant. En effet, pour rester unis après la victoire, ne faut-il pas avoir combattu dans les intérêts de la même cause et pour le triomphe de la même opinion? Or, qui pourroit compter les opinions diverses qui les partagent et qui les partageront toujours? On compteroit peut-être avec plus de facilité les grains de sable que la mer a jetés sur ses rivages, ou les étoiles qui brillent dans la voûte du firmament. Celui-ci voudroit conserver une dynastie que son cœur n'a pas encore la force de détester et de proscrire ; il consentiroit à l'épargner, mais après l'avoir asservie ; il rêve dans sa démence la constitution de Barnave et de Mirabeau ; il croiroit avoir sauvé son pays en réalisant la plus monstrueuse de toutes les chimères, et ses vœux n'iroient pas au-delà d'une telle entreprise, que l'histoire et le bon sens ont déjà condamnée. Celui-là voudroit parer du diadème de France un membre de la branche collatérale, et flétrir d'une couronne usurpée le front d'un prince qui sans doute chérit trop la gloire pour prêter l'oreille à la voix des factieux qui profanent son nom. L'un voudroit bannir à jamais l'auguste race d'Henri IV et de saint Louis, et dans sa pensée criminelle il ne craint pas d'appeler sur le trône le fils et l'héritier de Napoléon Bonaparte. L'autre, plus audacieux et plus conséquent, s'indigne d'entendre encore parler de sceptre et de couronne, et dans son vertige la république est le seul, de tous les gouvernemens, qui puisse consolider la révolution et prévenir le retour du pouvoir absolu. Mais dans les principales fractions qui partagent les libéraux, il se trouve ensuite une infinité de nuances qui subdivisent encore chaque parti en mille fractions nouvelles, et dans cette anarchie des opinions politiques, je n'aperçois aucun centre d'unité, et je ne vois là qu'une image du chaos.

Dites-le-moi donc maintenant, libéraux de toutes les couleurs, qui pourra jamais concilier des prétentions aussi contraires et des projets si formellement opposés ? Quel partisan du duc de Reichtad voudroit encore subir le régime des Bourbons ? Quel républicain voudroit encore de la monarchie ? Qui saura sacrifier au besoin de la concorde, ses vœux les plus ardens et ses affections les plus chères ? Si l'on s'entend pour détruire, saura-t-on conserver le même concert pour remplacer les institutions qu'on aura détruites ? N'est-il pas évident que chacun voudra commander à sa patrie, et la soumettre au gouvernement qu'il aura choisi dans ses rêves politiques? Supposons que les complots du comité directeur, dont la réalité n'est plus un problème aux yeux de tous les hommes qui ne sont pas aveugles, se réalisent bientôt sans rencontrer de sérieux obstacles, et que tous les libéraux, maintenant esclaves soumis de ce pouvoir occulte, se laissent paisiblement conduire, dominer, et même asservir ; je le demande au comité directeur lui-même, espère-t-il régner long-temps sur cette malheureuse France que ses doctrines auront égarée et que la presse aura pervertie ? Ferez-vous taire la voix des royalistes que vous aurez vaincus et des républicains que vous aurez trompés ? Aurez-vous l'art de maîtriser un peuple inconstant et volage auquel vous aurez appris les maximes de la révolte et de l'insurrection ? Tous vos esclaves se bercent aujourd'hui des plus belles espérances ; mais, dites-le-moi, vous sera-t-il possible de satisfaire à toutes les ambitions que vous aurez déchaînées ? Pourrez-vous gouverner sans impôts, sans lois, et sans froisser une multitude effrayante d'intérêts opposés et de prétentions contraires ? A peine compterez-vous un mois d'existence, et déjà de toutes parts vous entendrez mugir de longs murmures, éclater de nombreux mécontentemens et retentir de virulentes accusations. Eussiez-vous toutes les vertus d'un Aristide ou d'un Fabricius, on se lassera bientôt de vivre sous l'empire de vos lois arbitraires, et de respecter un gouvernement qui sera dans l'impuissance de réaliser des vœux chimériques et de fallacieuses promesses. Eussiez-vous la sagesse de Lycurgue et le génie de Solon, vous servirez bientôt de pâture à la rage de tous les folliculaires que vous refuserez d'enrichir. A l'aide de cette liberté de la presse que sans doute vous aurez affranchie de ses dernières entraves, on appellera sur vos têtes les malédictions publiques, et des factieux nouveaux tourneront contre vous les armes qu'ils tiendront de votre imprudence. Qui pourroit d'ailleurs maîtriser le mouvement populaire dont vous aurez donné la première impulsion? C'est en vain que vous éviterez de convoquer le peuple au milieu de vos conciliabules, le peuple saura bientôt vous comprendre; et s'il étoit incapable de le faire, les successeurs de Camille Desmoulin ne manqueront pas sans doute; et malgré tout, imprudens que vous êtes, il faudra tomber et périr devant les nouveaux tribuns qui ne tarderont pas d'agiter la multitude. Quand la fièvre révolutionnaire s'est emparée d'une grand nation, il faut attendre la fin du paroxisme avant de songer à le guérir.

Si la Sainte-Alliance l'avoit voulu, l'Europe seroit tranquille aujourd'hui; mais un déplorable *modérantisme* a séduit les plus généreuses pensées; on a permis à la révolution de renouer ses détestables complots et de propager ses funestes maximes. Maintenant le mal a fait des progrès si rapides et si grands, que Bonaparte lui-même, avec sa volonté de fer, seroit peut-être dans l'impuissance d'étouffer la tempête qui nous menace. Suivant toutes les probabilités, aucun pouvoir humain ne sera peut-être capable de prévenir la fatale explosion ; il faudra de nouveau traverser l'anarchie pour arriver au despotisme, et si l'aurore d'une troisième restauration doit reparoître en Europe, cet heureux jour ne viendra qu'après de longs malheurs et de sanglantes discordes. Il faut du sang pour expier le crime des nations, et n'en doutez pas, ce sang coulera.

CHAPITRE VII.

COUP D'ŒIL SUR L'ÉTAT MORAL DE LA SOCIÉTÉ.

Nous allons maintenant supposer que la révolution n'est pas aussi prochaine que nous l'avons dit, et nous demanderons s'il est possible d'échapper encore long-temps à de nouveaux malheurs, et s'il est permis de croire, sans un miracle de la Providence, à la résurrection d'une société qui languit et qui porte tous les germes d'une dissolution générale. Jetons un rapide coup d'œil sur l'état de cette société si fière de ses fausses lumières et si folle de ses ridicules systèmes, et bientôt nous frémirons à la vue des calamités inévitables qui menacent l'Europe dans un temps plus ou moins rapproché de nous.

L'exagération, non ce que mon siècle appelle ainsi, mais la véritable exagération n'entrera point dans cette peinture; je vais dire en peu de mots le bien et le mal qui nous environnent, et je tâcherai d'être aussi juste que le sera la postérité même.

Tous les rapports de la société se divisent en deux espèces, c'est-à-dire en rapports matériels et en rapports intellectuels. Juste, comme j'ai promis de l'être, et comme tout homme de bien est obligé de l'être dans toutes les circonstances, je me hâte de convenir que sous les rapports matériels la société n'offriroit aucun signe de décrépitude, si de tels rapports étoient en effet le véritable et l'unique fondement de nos sociétés politiques et civiles. L'industrie a fait partout des progrès immenses ; le génie manufacturier s'est agrandi dans toutes les contrées de l'Europe ; et l'Angleterre, jadis le désespoir des autres nations, a trouvé sur le continent plusieurs rivales dignes de lutter avec elle. Les procédés de la frabrication se sont perfectionnés d'une manière étonnante, et la mécanique surtout a fait d'admirables prodiges. Je n'examinerai point si l'art de simplifier les machines n'est pas une véritable calamité pour une population toujours croissante, et s'il ne favorise point les spéculations d'un petit nombre d'individus, au détriment de la masse qui vit uniquement du travail de ses mains. On ne m'entendra pas même soutenir, avec des philosophes rigides, que le commerce rétrécit le cœur, et qu'il étouffe les pensées généreuses, qu'il amène à sa suite le luxe qui corrompt les peuples et l'immoralité qui dégrade les nations. Je n'en croirai pas même l'austère Sully dans l'antipathie qu'il manifesta constamment pour cette source de prospérité sur laquelle on fait reposer aujourd'hui le lustre, la gloire et le bonheur du monde. Si parmi les ateliers de nos grandes villes de l'Europe il en est plusieurs qui servent d'école au libertinage, j'aime cependant à penser qu'il seroit facile de maintenir partout l'ordre, la sagesse et les bonnes mœurs. Il ne faudroit pour cela que des chefs d'établissement vraiment honnêtes et franchement religieux. L'exemple de Lyon prouveroit, s'il étoit nécessaire, qu'une ville de négocians peut rester encore une ville de grands et de vertueux citoyens.

Je ne dirai pas non plus que le commerce, en se perfectionnant, en se multipliant dans toute l'Europe, finira par se détruire lui-même, ou du moins sera forcé de se restreindre, de décroître, et par conséquent de languir. Je ne dirai pas davantage que la multiplication des hauts fourneaux produira l'inévitable dépopulation de nos forêts; que dans notre imprévoyance, ou plutôt dans notre égoïsme, nous dévorons ainsi la fortune et la prospérité des générations qui doivent suivre la nôtre. Non, je ne dirai rien de tout cela, je répéterai sans crainte, avec mes contemporains, que jamais le commerce ne déploya plus de génie, ne montra plus d'activité, et que notre gloire à cet égard est dans l'heureuse impuissance de s'étendre et de grandir.

J'admire, comme tout le monde, et ces belles routes qui facilitent des communications jadis inconnues, et ces canaux établis d'un fleuve à l'autre, et ces ports que l'on creuse dans nos cités maritimes, et ces rues élégantes qui s'élèvent dans nos villes de l'intérieur. Je vois disparoître avec une vive satisfaction, et ces bâtimens gothiques, et ces quartiers étroits, et ces quais dépourvus de simétrie, et ces façades monstrueuses qui déparoient encore naguères nos cités les plus illustres et les plus opulentes. A l'aspect de toutes nos villes qui changent de maintien, de nos rivières que resserre le génie de l'hydraulique dans l'intérêt de l'agriculture et même de la salubrité, de nos montagnes qui s'aplanissent, de nos ponts magnifiques, et de nos routes superbes, on seroit tenté de croire que la société s'avance en effet vers cet état de perfection chimérique tant célébré par Condorcet et par les orgueilleux qui lui ressemblent. Les progrès de la mécanique, de la chimie et de toutes les sciences que l'on est convenu d'appeler exactes, paroîtroient justifier les louanges que se donne un siècle si vain de lui-même et si dédaigneux des temps qui l'ont précédé.

Mais je le demande à tous ceux qui savent réfléchir et qui ne s'arrêtent pas à la surface des choses, est-ce dans tout cela que la société puise la certitude d'une longue vie et la garantie d'une paisible durée? Que m'importe l'état florissant des arts, du commerce et de l'industrie, si je marche sur un volcan qui bientôt va détruire l'industrie, le commerce et les arts? Celui qui prétend organiser le monde avec les intérêts matériels, est un insensé qui mérite une pitié profonde. Il ressemble à l'architecte ignorant qui se flatteroit de bâtir une voûte éternelle sans y mettre la dernière pierre qui doit seule consolider l'édifice et le préserver d'une chute prochaine. La société civile est dans la réalité un véritable édifice dont la religion forme la clef, et qui s'écrouleroit au premier coup de vent sans cette clef divine qui seule peut en réunir les diverses parties, en cimenter l'assemblage, en garantir la longue et paisible existence.

En effet, parlons d'abord du commerce, et que l'on me dise si la confiance n'en est pas l'ame, l'esprit et la vie. Que l'on me dise si la probité n'est pas l'unique fondement de cette confiance, et si la religion n'est pas la première garantie de la probité. On me parlera vainement de l'honneur qu'on s'efforcera de substituer à la religion; l'honneur est un vain mot pour tout homme qui ne croit rien au-delà du tombeau, et qui place uniquement dans la fortune tout son bonheur et toute sa gloire. Je sais que les lois commerciales ont tâché de prévenir les banqueroutes frauduleuses; mais cependant que d'immenses lacunes ne présente pas une législation pareille! Qui ne connoît pas l'inévitable imperfection de toutes nos lois humaines? Que de moyens n'a-t-on pas toujours pour en éluder la force et pour en éviter l'application! Que de ruses, que d'artifices n'a-t-on pas l'art d'employer pour masquer adroitement une banqueroute! Que de fortunes scandaleuses n'affligent pas tous les jours nos regards, au mépris de nos lois commerciales et de cet honneur tant vanté! Si les faillites qui viennent si souvent jeter l'alarme au milieu de nos cités les plus florissantes ne sont pas toujours le calcul d'une insigne mauvaise foi, ne sont-elles pas, la plupart du temps, la déplorable conséquence d'une vie licencieuse et d'une conduite désordonnée? Or, qui pourra détruire la mauvaise foi? qui pourra maintenir l'ordre dans une maison de commerce, sinon les principes de la morale dont la religion est la véritable et seule garantie? Que deviendra l'industrie de notre superbe Europe, si rien ne la protége contre les ravages de cette profonde immoralité qui s'étend chaque jour de plus en plus, et dont la religion seule est capable d'arrêter les progrès alarmans? A quoi serviront nos prétendues lumières, si la religion cesse enfin tout-à-fait d'en diriger l'esprit? et n'est-il pas certain qu'elles deviendroient, sans la religion, l'aveugle et déplorable instrument de de tous les vices conjurés?

Dans les beaux jours de l'Europe chrétienne, la probité la plus sévère distinguoit le négociant dans son comptoir ainsi que le magistrat sur la chaise curule. Fidèle par conscience aux sermens qu'il avoit prêtés, le soldat savoit mourir à son poste, et jamais la trahison ne venoit flétrir le drapeau de nos braves. C'est que l'éducation publique étoit alors dirigée par des hommes profondément religieux, et que dans toutes les écoles de l'Europe on formoit par la religion l'intelligence et le cœur de la jeunesse. Les enfans se nourrissoient au collége des plus sages maximes, et rentrés sous le toit paternel, ils y retrouvoient l'enseignement et l'exemple des plus nobles vertus. Le maintien des bonnes mœurs étoit sous la sauvegarde de la religion, et l'on savoit alors respecter l'enfance que l'on ne scandalise jamais impunément. Si l'on ne rencontroit pas ces fortunes rapides qui déshonorent le siècle où nous vivons, on voyoit encore moins ces effrayans désastres qui de nos jours précipitent tant de maisons opulentes dans une ruine subite et complète. C'est qu'alors, fortement imbus de sentimens religieux, on rougissoit de s'enrichir aux dépens de la veuve et de l'orphelin, et qu'une famille enrichie graduellement savoit conserver par l'ordre et par l'économie la fortune qu'elle avoit lentement acquise par l'ordre, le travail et la probité. C'est qu'un fripon dans l'opulence n'en restoit pas moins un être méprisable aux yeux de ses concitoyens, et que le tribunal de l'opinion publique le frappoit d'un juste anathème que rien ne pouvoit plus effacer. Enfin l'empire de la religion protégeoit le bonheur de toutes les familles et la félicité de tous les Etats.

Mais aujourd'hui, que voyons-nous dans la société qui nous environne ? L'égoïsme n'a-t-il pas flétri notre intelligence et desséché jusqu'aux dernières fibres de notre cœur ? Absorbés dans les intérêts matériels, n'avons-nous pas cessé de chérir et même de comprendre les nobles voluptés de l'ame et les délicieuses jouissances de l'esprit ? Enfoncé dans la boue, on s'y roule avec une stupide ivresse, afin d'y ramasser l'or misérable qu'elle renferme, et les plaisirs grossiers qu'elle procure. Un grand nombre de parens, uniquement occupés des vils calculs d'une cupidité basse et sordide, négligent d'une manière déplorable l'éducation religieuse de leurs malheureux enfans, qui grandissent ainsi dans un oubli funeste et dans une profonde ignorance de la sainte religion de nos pères. Ces jeunes infortunés, loin de rencontrer au sein de la maison paternelle l'exemple de la probité, de la pudeur et de toutes les vertus, n'y trouvent souvent que d'horribles scandales, le spectacle d'une entière dissolution, et le mépris de toutes les lois de l'équité, de la décence et de l'honneur. Du moins, autrefois, lorsque des parens avoient le malheur de révoquer en doute les augustes vérités de la religion, ils évitoient avec soin de laisser connoître

noître à leur famille naissante les dangereux principes que l'amour du vice avoit introduits dans leur ame; contens d'user en secret de la fatale indépendance que procure l'oubli de la religion, ils faisoient tout pour graver dans l'esprit et dans le cœur de leurs enfans les salutaires préceptes d'une religion qu'ils avoient eux-mêmes cessé de croire, mais dont cependant ils n'avoient pas la folie de méconnoître l'adorable sagesse, et surtout l'incontestable nécessité. Mais aujourd'hui les hommes sont descendus dans un tel degré d'égoïsme et d'abrutissement, que l'enfance n'est plus respectée, et que ses regards peuvent contempler jusque sous le toit de la maison paternelle le funeste exemple de l'immoralité, du libertinage et de l'irréligion. Dans un grand nombre de familles on vit, sans pudeur, dans le mépris des maximes chrétiennes; ou si l'on y parle du Christianisme, c'est pour dénaturer sa doctrine céleste, c'est pour faire d'exécrables plaisanteries, c'est pour répéter devant de crédules enfans tous les blasphèmes de l'impiété moderne. On y raconte sans frémir les anecdotes les plus scandaleuses, on s'y permet les plus affreux discours, on y débite les plus infâmes calomnies sur la conduite des prêtres, des femmes les plus sages et des hommes les plus vertueux; on y rit de tout ce qu'il y a de plus sacré sur la terre, et foulant aux pieds les premières et les plus saintes lois de la nature, on n'a pas horreur de dépraver ainsi par tous les moyens les êtres malheureux auxquels on donna la vie, et dont une perversité monstrueuse, ou tout au moins une criminelle indifférence, aura pour jamais détruit les vertus naissantes et le bonheur futur. Malheur aux nations qui cessent de respecter l'enfance, et qui mettent l'éducation religieuse au rang des derniers bienfaits qui lui sont dus ! Malheur aux parens dénaturés qui négligent d'inspirer à leurs enfans la haine du vice qui doit les perdre, et l'amour de la vertu, qui seule a le pouvoir de charmer la vie, de maîtriser les passions, et de procurer l'estime, la confiance, et la considération publique !

Qui pourra nier qu'en général il existe chez les pères de famille une coupable insouciance pour l'éducation de leurs enfans ? On tient beaucoup, sans doute, à leur donner toutes les connoissances qui doivent en faire des hommes agréables, et leur servir à briller, à se faire applaudir, à s'avancer dans le monde : mais pour la religion, c'est le dernier point qu'on envisage ; on semble avoir oublié qu'elle est souverainement utile et rigoureusement nécessaire. On s'informe à peine si tel établissement d'éducation publique est fondé sur des principes religieux, mais on veut savoir s'il possède des maîtres instruits dans les sciences profanes ; et pourvu qu'on y reçoive de bonnes leçons de rhétorique, de langues, de chimie, d'escrime, de musique et de danse; un grand nombre de parens n'en demandent pas davantage, et la religion n'est qu'un accessoire que peut-être on ne proscrira pas encore entière ment, mais qu'on sera loin de regarder comme la partie la plus intéressante et la plus essentielle de toute bonne éducation.

Loin d'inspirer à la jeunesse le goût des lectures solides, on lui permettra, sans frémir, de lire tous les écrivains du dernier siècle, et de s'empoisonner à cette source d'impiété, de licence et de corruption. Le jeune homme sera libre d'apprendre dans Jean-Jacques et dans Voltaire, que la divine religion de Jésus-Christ n'est qu'un tissu de mensonges, d'impostures et d'absurdités; dans les écrits d'Helvétius, que le vice et la vertu sont des choses tout-à-fait indifférentes; dans le *Système de la nature*, que Dieu n'existe pas, et qu'ainsi l'homme peut sans crainte et sans remords s'abandonner à tous les excès, se livrer à toutes les fureurs de la luxure, et commettre en riant les plus monstrueux attentats.

Si des pères de famille, vraiment dignes d'un titre aussi beau, n'imitent pas cette criminelle indifférence; s'ils veulent rendre chère à leurs enfans la religion dont eux-mêmes adorent les vérités et pratiquent les vertus; si, fidèles aux plus saints devoirs de la nature, ils redoutent la contagion des mauvais livres et des mauvais exemples, comment s'y prendront-ils, dans un siècle tel que le nôtre, pour conserver l'innocence des êtres chéris auxquels ils ont donné la vie, et quelles précautions ne seront-ils pas contraints d'employer pour atteindre à ce but si désirable et si conforme à leur tendresse ! Les garderont-ils dans la maison paternelle ? Mais alors à quelle surveillance ne sont-ils pas assujettis ! Un précepteur dépravé, un domestique vicieux, viendront peut-être renverser toutes leurs espérances, et détruire l'effet des plus sages leçons. Il y a tant de corruption parmi les hommes, qu'il devient difficile aujourd'hui de rencontrer des précepteurs et des domestiques vertueux. Placeront-ils leurs enfans dans un établissement d'éducation publique ? mais dans plusieurs contrées, mais en France surtout, les bons établissemens de ce genre deviennent de jour en jour plus rares, et des hommes qui spéculent sur l'instruction de la jeunesse n'offriront jamais, d'ailleurs, la garantie qu'on rencontre dans les maisons dirigées par des corps enseignans, et surtout par ces Jésuites tant calomniés parmi nous. Il est sans doute encore un grand nombre de maîtres respectables ; mais il en est un grand nombre aussi qui sont incapables de persuader aux enfans une religion qu'eux-mêmes n'ont pas le bonheur de professer et de croire.

La grande plaie de l'Europe actuelle est évidemment dans l'éducation de la jeunesse, et l'on auroit la certitude consolante de marcher au-devant d'un tranquille avenir, si, malgré l'effrayante corruption des hommes parvenus à l'âge de trente, quarante et cinquante ans, la génération qui grandit, et celles qui doivent la suivre, avoient le bonheur d'être élevées dans les salutaires principes de la religion chrétienne. Les impressions reçues dans l'enfance se gravent profondément dans le cœur : on peut, sans doute, en étouffer passagèrement le souvenir; mais il est impossible d'en effacer l'empreinte et d'échapper entièrement à leur empire. L'avenir des peuples est écrit tout entier dans leur système d'éducation; et, par conséquent, si le système est vicieux, il faut trembler et frémir, il faut s'attendre à d'horribles calamités; car tôt ou tard le monde en subira les inévitables et funestes conséquences. Que n'avons-nous donc pas à craindre, dites-le-moi, en considérant combien l'éducation publique est négligée sous le rapport des principes religieux! Combien j'ai connu et combien je connois encore d'établissemens renommés où l'on ne met aucune importance à convaincre la jeunesse des augustes et saintes vérités du Christianisme! Combien j'ai vu de jeunes gens, instruits d'ailleurs, faire preuve, en matière de religion, de l'ignorance la plus déplorable et la plus profonde ! Tant que l'éducation publique ne sera pas confiée dans toute l'Europe à des corps religieux, la société poursuivra sa marche vers une entière dissolution, et rien ne pourra jamais ralentir cet irrésistible et fatal mouvement.

Il y a long-temps, va-t-on me répondre, que l'éducation publique n'appartient plus à des corps religieux dans ce beau royaume de France, et même dans d'autres contrées, et cependant le Christianisme n'y est pas encore éteint, et dans toutes les villes il compte, au contraire, un grand nombre de disciples dévoués et fidèles. Mais, nous l'avons déjà dit, la ruine entière d'une doctrine religieuse n'est pas l'ouvrage d'une seule, et même de deux ou de trois générations. L'homme isolé peut s'abrutir quelquefois, mais rarement, sans doute, au point de se faire matérialiste, en débutant dans la carrière de l'incrédulité; mais il n'en est pas ainsi des peuples et des nations. César a pu rêver le néant au déclin de la patrie qu'il opprima, mais pour rendre populaire cette doctrine épouvantable, il faut descendre jusqu'aux jours affreux de Narcisse, de Pétrone et de Néron. On osera me citer ensuite des impies qui ne manquent pas encore d'honneur et de probité, et l'on voudra peut-être en conclure que la religion n'est pas rigoureusement nécessaire. Mais les impies dont on parle sont-ils aussi profondément incrédules qu'ils s'efforcent de le paroître, et qu'on seroit tenté de le croire en effet? Celui qui cesse de pratiquer les sacremens de l'Eglise, et qui vit en apparence comme une brute dépourvue de raison, a-t-il pour cela perdu la conviction de sa croyance primitive? Combien il en est qui vénèrent encore au fond de leur cœur la religion qu'ils semblent avoir répudiée! Combien il en est qui, séduits et subjugués par des passions cruelles, paroissent avoir oublié les saintes maximes de leur enfance, et qui reviennent bientôt aux doctrines de ce Christianisme si plein d'ineffables douceurs et si rempli de joies, d'espérances et de consolations! Or, de tels hommes auront-ils l'affreux courage de fouler impitoyablement les lois de l'honneur, de la justice et de la probité? Seront-ils capables de braver sans frémir les cris d'une conscience qui pouvoit languir, sans doute, mais qui cependant n'étoit pas éteinte? Il n'en est pas moins vrai que la religion ira toujours en s'affoiblissant d'une génération à l'autre, si l'éducation ne vient pas sans cesse en ranimer la vigueur, et qu'elle finira par disparoître entièrement de la terre dont elle épouvante les crimes. Un abject matérialisme viendra s'asseoir sur le trône de la religion mourante, une stupide indifférence en creusera le tombeau, et la société ne tardera pas d'y descendre avec elle.

Nous n'en sommes pas encore là tout-à-fait,

Dieu merci ; il existe encore une foule d'hommes franchement religieux ; et même parmi les incrédules il en est un grand nombre qui n'ont pas encore abdiqué toute la dignité de la race humaine, en se précipitant dans les rêves du lugubre athéisme. Mais, cependant, nous marchons à grands pas vers cette lamentable époque où périssent toutes les grandes pensées et tous les sentimens généreux.

Plusieurs gouvernemens, dans une coupable insouciance, ont permis à la presse d'égarer et de corrompre impunément les générations qui grandissent. Des malheureux qui ne craignent pas de nous vanter encore leurs funestes services, ont tout fait pour démoraliser les peuples et pour plonger les nations dans les horreurs de l'anarchie, ou sous la verge d'un despotisme plus révoltant que celui de Néron, de Tibère ou de Caligula. On a fait circuler de toutes parts les poisons de la philosophie moderne, et les gouvernemens se sont endormis sur d'aussi grands attentats. On a dit à l'humble villageois dans sa chaumière, à l'artisan dans son attelier, au négociant dans son magasin : Tenez, lisez Jean-Jacques et Voltaire ; apprenez que tout propriétaire est un usurpateur, que dans l'ordre de la nature tous les biens sont communs, tous les hommes sont égaux, et qu'une absolue indépendance est la véritable condition de tous les citoyens ; que des fourbes, des prêtres ou des tyrans ont brutalement asservis. On a dit à tout le monde : La religion n'est qu'un ridicule épouvantail, un sépulcre éternel est notre dernier asile, et Dieu n'est qu'un brillant fantôme inventé par la politique des rois. On n'a rien négligé pour dissoudre tous les liens sacrés de la patrie et de la société domestique et civile. La philosophie moderne, que la postérité maudira sans doute, est tellement aveugle, tellement stupide, qu'elle a rêvé la fécondité du néant, et qu'elle se vante d'avoir perfectionné l'homme en dépravant son intelligence et son cœur. On fait un appel à toutes les passions, et l'on ne veut pas, malgré cela, que les passions répondent tôt ou tard ! On multiplie les brandons enflammés, et l'on ne veut pas que l'incendie éclate, et qu'une affreuse destruction devienne enfin le dernier résultat de cette rage criminelle et barbare !

Vous voulez, dites-vous, fonder le régime de la liberté et briser pour jamais les chaînes de la servitude ! Mais je vous le demande, est-ce avec le crime qu'on peut rendre les peuples libres et les nations heureuses ? Est-ce avec la doctrine d'Epicure, avec les mœurs de Narcisse et de Tigillin, avec la corruption des affranchis de Claude et des sicaires de Néron, que vous prétendez faire de l'indépendance et fonder un gouvernement qui demande le sacrifice de tous les amours-propres, l'abnégation de tous les intérêts, et l'admirable réunion de toutes les vertus?

Ministres qui n'avez rien fait, qui ne faites rien encore pour arrêter les progrès de la démoralisation générale, combien vous êtes coupables! combien vous êtes éminemment coupables! Votre misérable apathie a perdu l'Europe, qui vous accusera sans doute un jour de tous ses malheurs; le sang qui coulera, n'en doutez pas, retombera sur vos têtes, et la postérité vous redemandera le bonheur dont votre lâche indifférence l'aura privée. En laissant pervertir vos infortunés contemporains, comme on n'a cessé de le faire depuis quinze ans, vous avez creusé l'abîme qui va dévorer l'espoir de plusieurs générations, et qu'un miracle de la Providence aura seul le pouvoir de fermer sous les pas de nos arrière-neveux.

Le monde est aujourd'hui si dépourvu de convictions profondes, qu'on a cessé d'admirer et même de comprendre un grand caractère; on n'a que des idées vagues et des opinions confuses. La société, dans toute l'Europe, se divise en trois cathégories principales qu'il est facile de distinguer: la première cathégorie, qui est celle du petit nombre, admet le Christianisme avec toutes ses conséquences; forte de ses principes, elle ne recule devant aucun d'eux; elle contemple avec un profond sentiment de pitié les erreurs plus ou moins pernicieuses de tous ceux qui ne pensent pas comme elle. Elle ne croira jamais que la sagesse consiste à transiger avec le mal, et que la vérité soit une exagération. Ses doctrines sont claires, ses professions de foi n'ont rien d'ambigu; sa conscience, éclairée par une religion pleine de chaleur et de vie, ne peut s'égarer long-temps et bien loin; elle pense comme elle agit, elle agit comme elle pense. Indulgente pour les individus, elle est impitoyable pour les doctrines. Elle ne saura jamais se plier au déplorable système des concessions, parce qu'en fait de principes, reculer d'un pas, c'est abandonner la victoire aux principes contraires, c'est commettre un acte de foiblesse, une lâcheté, une trahison.

La seconde cathégorie est celle de tous les hommes qui n'ont plus de conscience, dont l'esprit est couvert de ténèbres, et dont le cœur est gangrené jusque dans ses derniers replis. De tels hommes ne sont ni catholiques, ni protestans, ni déistes, ils ne sont rien; ils vivent comme la brute, dont souvent ils envient le sort; ils avancent comme elle vers les abîmes de l'éternité, sans inquiétude, sans remords et sans effroi: de tels hommes sont capables de toutes les folies et de tous les attentats; leur morale est celle de Cartouche, leurs vertus, celles de Marat, de Chaumette et d'Hébert, et le bourreau est l'unique puissance qu'ils soient capables de reconnoître encore, de craindre et de respecter. De tels hommes, dans une société fortement organisée et sagement établie, seront toujours fort peu redoutables, parce que d'abord leur nombre ne sera pas très-grand, et qu'en second lieu, lâches comme ils le sont toujours, ils trembleront en face du pouvoir qui saura commander et se faire obéir. Quand de pareils monstres deviendront la majorité chez les nations européennes, tout espoir de salut sera détruit; et le monde, abandonné par la Providence, sentira tous ses liens se dissoudre, et bientôt il s'évanouira dans l'espace.

La troisième cathégorie, qui comprend une multitude innombrable de citoyens, se compose de tous les hommes dépourvus de convictions religieuses, politiques et morales. Cette cathégorie se subdivise en mille fractions diverses, et leur apparente agglomération n'est que l'image fidèle d'un immense cahos. Celui-ci révoque en doute une partie des vérités chrétiennes; il reconnoît dans l'Evangile un langage de franchise et de candeur qui l'enchante et qui le ravit; le caractère de la Divinité, dont sont empreintes toutes les pages de ce livre adorable, le frappe de surprise et d'admiration; mais cédant, par une pitoyable foiblesse, à l'empire de ses viles passions, et surtout à la voix de son misérable orgueil, il croit trouver dans l'Ecriture des raisons pour douter et des motifs pour récuser une partie de son témoignage. Il voudroit faire descendre au niveau de son intelligence obscure et bornée les augustes mystères d'une religion qui s'enfonce et qui se perd dans les abîmes de l'infini ; et la vérité, semblable au soleil qui frappe d'aveuglement les hommes assez indiscrets pour contempler en face son éclatante lumière, la vérité qui se fait si bien sentir à l'humilité de la foi, se dérobe aux recherches présomptueuses de l'orgueil, et, par un juste châtiment du Ciel, les idées se troublent, l'esprit s'égare et le cœur s'endurcit. Un tel homme reste alors suspendu entre l'erreur et la vérité ; il n'est pas assez corrompu pour devenir un parfait incrédule ; il est trop foible pour devenir chrétien : dès-lors il adopte tour à tour des opinions contraires ; il ne descendra pas jusqu'aux dernières limites de l'erreur, mais il ne fera dans le chemin de la vérité que des pas irrésolus et timides. On l'entendra souvent proscrire un principe dont il admet plusieurs conséquences, et, d'un autre côté, repousser les conséquences naturelles d'un principe qu'il aura follement reconnu. Sa tête est un véritable cahos dans lequel il n'y a rien de clair ni d'arrêté. Faut-il s'étonner après cela qu'un tel citoyen soit l'homme des circonstances, qu'il flotte au gré de son intérêt personnel, qui demeure en définitive l'unique loi dont il est profondément pénétré, et qu'il taxe d'exagération tous ceux qui ne partagent pas son orgueilleuse démence ?

Il est d'autres hommes moins inconséquens dans leur malheureux système ; ces hommes-là rejètent le Christianisme tout entier, et se contentent de professer d'une manière vague la doctrine de l'immortalité de l'ame et de l'existence d'un Etre suprême. Mais comme leur foi n'a rien de positif en matière de morale, leurs opinions ne sont pas des croyances, et leurs actions publiques et privées sont rarement le produit d'une conviction profonde. Livrés sans boussole à tous les vents des passions diverses qui les entraînent, ébranlés, séduits, subjugués par les sophismes d'une raison qui s'abîme dans le doute et qui s'égare avec tant de facilité, leur vie entière présente un assemblage de contradictions frappantes ; c'est un flux et reflux continuel de vérités et d'erreurs ; c'est une succession non interrompue de bonnes et de mauvaises pensées, de sages et de funestes résolutions, d'actes criminels et vertueux. Ils pensent, ils agissent bien quand les passions sommeillent ; mais aussitôt qu'elles se font entendre, ils se troublent, ils cèdent, ils succombent, ils sont vaincus.

Dans la troisième cathégorie il faut encore placer les chrétiens d'une foi tiède et languissante ; ils admettent le Christianisme, mais leur cœur froid et glacé n'est pas capable de s'embraser d'amour. De tels hommes ne feront jamais des apôtres, encore moins des martyrs ; ils tiennent à la religion par habitude plutôt que par sentiment; ils ne feront pas le mal, peut-être, mais ils seront pleins d'égards pour la sagesse humaine, une prudence méticuleuse deviendra leur première devise, et s'ils n'entrent pas dans l'enfer, ils iront du moins jusqu'à ses portes. Il ne faut pas leur faire un crime de ces funestes dispositions; c'est de leur part un défaut de caractère qu'il est impossible de réformer entièrement, et non pas un sommeil de la conscience, qui n'existe jamais dans une ame où la religion n'est pas éteinte. Il est des hommes malheureusement constitués, qui manqueront toujours d'énergie et pour qui l'attitude de la force sera toujours une véritable exagération. *Toutes les grandes pensées viennent du cœur*, comme on l'a répété si souvent après Vauvenargues. On peut avoir l'esprit très-étendu, un discernement droit, un jugement exquis ; mais, sans un cœur plein de chaleur et de vie, ces brillantes qualités ne serviront qu'à rendre un homme circonspect, dubitatif, irrésolu. Il verra trop bien les divers obstacles qui s'offriront à lui ; il craindra de s'y briser ; un tel homme n'auroit été ni Bossuet, ni Turenne, ni Richelieu.

Il faudroit cependant bien se garder de croire que tous les hommes froids en apparence le soient toujours en réalité; vous verrez des hommes qui portent une ame de feu sous l'écorce de la modestie et de la timidité. On peut même dire que les hommes d'un vrai mérite sont d'une grande sobriété dans leurs paroles. Comme ils regardent la société d'en haut, ils méprisent les petits détails et s'en occupent rarement. Aussi leur silence, dans une foule de conversations vulgaires, les feroit-il prendre pour tout autres qu'ils ne sont. Les grands parleurs sont presque toujours des sots ; ou s'ils ont de l'esprit, de tels hommes sont tout en surface et rien en profondeur.

Quoi qu'il en soit, pour être capable de grandes choses il faut avoir un grand cœur. Les hommes réellement froids ne sont susceptibles d'aucun sentiment généreux ; s'ils n'ont pas de vices décidés, ils auront encore moins d'héroïques vertus. L'homme ardent descendra peut-être plus loin qu'eux dans la voie des égaremens et du crime, si les principes religieux ne lui servent pas de frein salutaire ; mais si la religion l'éclaire et le conduit, il est capable de surmonter les plus grands obstacles, il est capable de sauver un empire et de mourir pour son pays. L'esprit peut éclairer le cœur, mais c'est le cœur qui féconde l'esprit ; l'esprit peut donner les talens, mais c'est le cœur qui donne le génie ; et pour tout dire en un mot, l'homme, c'est le cœur.

Nous avons dit tout à l'heure que la société se divise en trois classes principales. On y remarque des hommes qui n'ont aucun principe, et ceux-là sont des monstres ; ce sont les matérialistes et les athées ; des hommes qui possèdent au contraire des principes invariables, et qui par conséquent sont incapables de transiger avec le mal ; et des hommes, enfin, qui ne sont ni tout-à-fait bons, ni tout-à-fait méchans, êtres amphibies et citoyens plus dangereux qu'on ne pense. Les premiers, pour me rendre clair, je les appellerai *jacobins* ; les seconds *catholiques*, et les troisièmes les *hommes du milieu*. Les jacobins, j'aime du moins à le croire, ne sont pas en très-grand nombre, et leurs doctrines d'ailleurs sont trop monstrueuses pour ne pas inspirer à toutes les nations une salutaire épouvante. Les jacobins ne feront donc pas la révolution qui se prépare, mais à coup sûr ce sont eux qui l'achèveront.

Les hommes catholiques, dans le sens convenu, ne sont pas non plus en très-grand nombre, il faut bien l'avouer à la honte de notre siècle ; leurs doctrines fermes et positives inspirant d'ailleurs un profond éloignement à tous les citoyens qui ne les professent pas, il est évident que de tels hommes sont aujourd'hui dans l'impuissance de sauver la société qui périt. Les *hommes du milieu*, qui composent la masse de toutes les populations, en ont une mortelle frayeur. Dans l'indifférence religieuse où l'on vit, et dans laquelle on se complaît parce qu'elle favorise les passions, on ne veut pas de ces hommes généreux dont la conduite est une censure, et dont le langage, fruit d'une intime conviction, épouvante la foiblesse et la condamneroit à rougir. Sottement persuadé que le système des concessions est le parti le plus sage dans un siècle tel que le nôtre, on dit, on répète, on croit peut-être que les hommes dont je parle auroient promptement tout bouleversé et tout détruit. Les hommes de bien qui ne savent pas transiger avec le mal, parce qu'ils ont une conscience, passent aux yeux d'un grand nombre de citoyens pour des exagérés qu'il faut éloigner des affaires, et dont le but unique est d'établir partout le régime de la théocratie ou du pouvoir absolu. S'il en est encore dans les emplois, c'est pour eux que les ministères sont défians, durs et sans égards; les grâces sont des bienfaits qu'ils ignorent, et pour eux la justice est une grande faveur. C'est beaucoup si l'on ne cherche pas à les accuser de crimes imaginaires, et si leur destitution ne devient pas la récompense de leurs vertus publiques. Loin de rendre hommage aux services qu'ils ont rendus, au zèle qu'ils ont toujours montré, à la conduite qu'ils ont toujours tenue, les hommes du pouvoir garderont auprès du monarque un injuste silence, si bien souvent encore ils ne calomnient pas les actions les plus honorables et les intentions les plus pures : parce que les hommes de bien, j'entends ceux qui le sont en effet dans toute l'étendue de l'expression, tout en conservant le langage du respect, ne prennent jamais l'attitude humiliante de la servilité, on s'efforce d'abattre leur courage; on voudroit assouplir leur caractère, et dans l'impuissance d'y réussir, on leur jure une éternelle aversion; on les abandonne à leur obscurité, qui par bonheur leur est infiniment plus chère que des ambitieux ne peuvent le croire.

Mais il n'en est pas moins vrai que par un tel système on dégoûte les citoyens les plus estimables de courir la carrière des emplois, qu'on ralentit le zèle de tous les fonctionnaires publics, qu'on en fait, à la vérité, les esclaves du ministère, mais qu'on prive la royauté de leur généreux dévoûment. A la manière dont on a traité les royalistes religieux et fidèles dans plusieurs gouvernemens de l'Europe depuis l'époque fortunée de notre délivrance, est-il étonnant qu'on ait vu tant d'infâmes apostasies et de lâches défections? Tout homme qui n'a pas des principes religieux imprimés dans le cœur, est-il à l'abri d'un mouvement d'irritation à la vue d'une injustice qu'il éprouve ou d'une remontrance qu'il n'a pas méritée? Un tel homme, s'il n'a pas encore éveillé la défiance du pouvoir, ne sentira-t-il pas mourir au fond de son ame le zèle qui l'animoit, et de proche en proche le mal ne gagnera-t-il pas la nation toute entière? Un tel système n'a-t-il pas déjà tout corrompu? les administrations se sont peuplées d'hommes sans principes, et les conspirateurs envahissent chaque jour les postes qu'autrefois on accordoit seulement à la fidélité.

Si les gouvernemens l'avoient bien voulu, tous les fonctionnaires seroient aujourd'hui dévoués à leur cause. Les hommes ne demandent qu'un point de ralliement pour se réunir autour du pouvoir. Qu'un gouvernement fasse une profession de foi bien claire et bien positive, qu'il ne varie jamais de la ligne qu'il aura choisie, qu'il soit juste et fort, qu'il se fasse respecter, et tout le monde s'inclinera devant lui, surtout dans un siècle comme le nôtre, où l'égoïsme est la première de toutes les lois. Il n'est pas si difficile de conduire les hommes, quand on a confiance dans sa force et dans ses principes. Celui qui souffle maintenant dans les journaux le feu de la discorde, prêcheroit l'amour de la monarchie et de la religion; celui qui déclame en audacieux tribun, seroit à genoux devant la puissance qu'il attaque aujourd'hui. La révolution, peut-être, auroit encore essayé quelques menaces, car elle menace quand elle a peur; mais avec une volonté sans foiblesse on auroit fermé l'abîme, et le monstre n'en seroit plus sorti.

La régénération, sans doute, n'auroit pas été l'ouvrage de quelques jours; il falloit du temps pour l'accomplir; mais du moins elle étoit assurée. On pouvoit, à l'époque de la restauration, organiser comme on l'auroit voulu le système de l'éducation publique. On n'auroit pas ameuté les populations contre les établissemens les plus utiles ; on auroit pu former, depuis cette époque, une foule de religieux citoyens qui seroient aujourd'hui déjà l'appui des trônes et de la véritable liberté. Enfin, il falloit vouloir, et la révolution étoit pour jamais vaincue.

Mais pour obtenir un résultat semblable, il ne falloit pas aller chercher des ministres chez les *hommes du milieu*, chez ces hommes qui n'ont point de convictions profondes, et qui par conséquent se laissent conduire par les circonstances, au lieu de les maîtriser et d'imprimer une invariable direction à la marche des affaires publiques. La royauté, séduite par l'esprit du siècle, crut devoir ménager de fâcheuses préventions ; elle ne comprit pas assez que si la religion est nécessaire chez les derniers citoyens, elle est indispensable chez tous les hommes d'état. Si la royauté n'avoit pas commis cette faute, la société se seroit assise sur d'inébranlables fondemens ; le pouvoir auroit pris une allure franche, loyale et décidée ; l'odieux système de *bascule* n'auroit pas pesé sur la France, sur cette belle France que les diverses nations prennent toujours pour modèle en bien comme en mal. On auroit foi dans la force des gouvernemens et dans leur probité ; l'Europe seroit aujourd'hui calme et tranquille, le présent ne seroit pas gros de tempêtes, et l'avenir se lèveroit heureux et plein de gloire.

Mais on n'a pas voulu croire à l'expérience des siècles; on a cru pouvoir organiser le monde avec les intérêts matériels; on a fait une misérable politique de comptoir; on a calculé le bien qu'une telle mesure pouvoit rendre, et non pas les maux qu'elle pouvoit enfanter. Dépourvu de principes invariables, on n'a point eu de systèmes; on a marché dans le vague; on a suivi la direction des événemens; au lieu de dominer la société qui toujours a besoin de guide, on s'est laissé dominer par elle. On a caressé tous les partis, on a fait des concessions à tous; mais comme néanmoins, dans le vague de ses doctrines personnelles, on a voulu tenir une espèce d'équilibre entre le bien et le mal, il en est résulté qu'enfin l'on a mécontenté tout le monde, qu'on a fait soupçonner les intentions d'un pouvoir qui manquoit de franchise, et qu'un malaise universel s'est emparé des esprits : insensiblement les hommes se sont détachés d'un pouvoir qui faisoit douter de son courage; on a dès-lors suivi ses opinions favorites, qu'on auroit facilement sacrifiées si par un tel sacrifice on avoit eu l'espoir de plaire au gouvernement et d'obtenir ses faveurs. La licence de la presse, qu'on n'avoit pas su détruire, s'est réveillée avec une effrayante énergie. Les *hommes du milieu* qui se trouvoient au timon des affaires se sont abusés sur un fléau semblable ; ils ont cru follement que la liberté de la presse étoit capable de guérir les maux qu'elle engendroit, et que les bonnes doctrines suffiroient pour tuer les mauvaises. En général on vouloit le bien, j'aime à le croire; mais on ne le vouloit pas avec assez de courage, parce qu'en général on manquoit de conviction religieuse, et que sans une croyance fortement imprimée dans le cœur on est incapable d'un généreux dévoûment. Si tous les ministres qui se sont succédé depuis 1814, avoient eu le bonheur de croire au Christianisme et de le pratiquer dans toute son étendue, il est certain que la licence les auroit indignés, et qu'ils se seroient crus éminemment coupables s'ils n'avoient pas eu la sagesse d'enchaîner ses fureurs. Tous les sophismes se seroient tus devant la conscience, et la société ne seroit pas à la veille de périr.

Les erreurs maintenant propagées dans l'Europe entière ont tellement confondu toutes les idées et dénaturé tous les principes, que le langage de la raison a presque entièrement perdu son salutaire empire, et que le bon sens n'est plus même entendu par une multitude de citoyens. On frémit au seul mot de Jésuites, de prêtres, de congrégations, et l'on s'endort sans crainte sur les évidens complots d'une secte impie et régicide. On songe à contrôler de vertueux prélats et de généreux missionnaires, mais on permet à la révolution de conspirer, de s'étendre et de grandir. On court après des fantômes, et l'on craint de frapper et d'abattre de sinistres réalités. Reconnoître le pouvoir suprême du Souverain Pontife, c'est professer une doctrine qui sape tous les fondemens de la société politique ; mais proclamer comme une sublime découverte le système d'une profonde indifférence en matière de religion, mais enseigner l'athéisme qui détruit la société de fond en comble, c'est faire un acte de sagesse, c'est user d'un privilége que la Charte accorde à tous les Français, et que personne n'a droit de leur ravir. Dire aux libéraux, en masse, qu'ils perdront leur pays avec leurs folles idées et leurs dangereuses maximes, qu'ils nous précipiteront dans un abîme, et qu'ils y descendront après nous, c'est prononcer autant de blasphèmes, c'est insulter au bon sens de la nation, c'est inventer des chimères, c'est faire d'odieuses et de condamnables personnalités, c'est aigrir les hommes au lieu de les éclairer, c'est jeter les brandons de la discorde au milieu de cette belle France où tous les partis venoient de s'embrasser devant l'autel sacré de la patrie. Mais calomnier les anciens et les nouveaux Jésuites, mais outrager les évêques, dénoncer les prêtres, tâcher de les avilir et de les perdre dans l'opinion publique ; mais traîner dans la boue tous les royalistes assez vertueux pour détester une alliance monstrueuse avec les hommes de la révolution, et pour sonner l'alarme à la vue du péril qui presse la monarchie, c'est parler le langage de la modération, de la justice et de la bonne foi; c'est user d'un droit légitime, c'est agir en loyal et généreux citoyen. Quand une grande partie de la société est descendue jusqu'à ce degré d'idiotisme, de vertige ou d'abrutissement, est-il possible de contempler sans effroi l'avenir de l'Europe, et de partager la stupide indifférence de tous ces hommes auxquels il n'inspire aucun sentiment d'épouvante, de tristesse ou de pitié?

Il est encore des mœurs et de la religion, nous répètent des gens qui n'ont ni l'un ni l'autre: sans doute il existe encore partout une foule de chrétiens sincères, et les mœurs ne sont pas encore entièrement dépravées; j'en conviens avec une joie profonde; mais il n'en est pas moins vrai que tout conspire à perdre la religion, à corrompre les mœurs, à détruire ainsi les premiers fondemens de toutes les sociétés humaines. L'impiété qui se déguise sous le beau nom de philosophie, n'a-t-elle pas inondé l'Europe des écrits les plus licencieux, et pense-t-on qu'en se livrant à la lecture de ces funestes productions, l'Europe ne tombera pas enfin dans cette corruption générale qui doit précéder les jours de sa honte et de sa fin dernière? Pensez-vous qu'à force d'avaler un homicide poison, l'on finira comme Mithridate par en neutraliser la mortelle influence? Insensés qui partagez une illusion pareille, n'avez-vous donc jamais sondé les replis du cœur humain, et la connoissance de l'homme est-elle encore pour vous une science absolument étrangère? Ne savez-vous pas avec quelle déplorable facilité les penchans de la nature nous séduisent, nous entraînent et nous égarent? ne savez-vous pas que l'homme est de glace pour la vérité et de feu pour le mensonge; qu'une force terrible le pousse au mal, et qu'il a pour le bien un zèle toujours tiède, foible et languissant? ne savez-vous pas que si le sage se trouve souvent ébranlé par l'orage des passions, l'homme ordinaire cède au premier souffle et succombe au premier coup de vent? Prétendre que la vertu n'est pas un effort continuel contre les penchans de la nature, c'est démentir la sainte autorité du Christianisme qui nous impose l'obligation de le croire, c'est contredire le témoignage des plus grands philosophes de l'antiquité et de nos temps modernes, c'est mépriser la voix de notre propre cœur, c'est faire un acte de lâche hypocrisie et d'insigne mauvaise foi.

Or, l'homme, avec cette inclination si prononcée pour le mal, lira-t-il sans danger les productions d'une séduisante philosophie qui flatte sans cesse une inclination pareille? n'éprouvera-t-il pas, un secret plaisir à se repaître de tous les sophismes qui viendront caresser adroitement son orgueil et légitimer ses passions favorites? Son esprit, devenu le complice de son cœur, pourra-t-il résister long-temps au langage d'une philosophie enivrante qui détruit une religion dont sa conscience est importunée, et qui lui permet de s'abandonner sans remords aux attraits du vice qui l'enchante et qui le ravit? Hélas! combien nous aimons à croire, à nous persuader toutes les doctrines qui favorisent nos penchans et qui s'efforcent d'excuser nos erreurs, de justifier nos goûts, et de briser le frein qui contrarie toutes nos passions! Après cela, n'est-il pas évident que l'Europe, inondée par un déluge d'écrits impies et licencieux, boira bientôt toute entière à la coupe du mensonge et de l'incrédulité, que les mœurs de Sodome deviendront les siennes, et que la plus épouvantable dissolution sera l'inévitable et prochaine conséquence de cette liberté funeste qui permet de tout écrire et de tout imprimer?

Le mal est déjà si grand qu'une espèce de fanatisme anti-chrétien s'est répandu dans toutes les contrées de l'Europe, et que les bons livres ont cessé d'être lus, goûtés et surtout compris. Toute production qui n'est pas empreinte de l'esprit philosophique ne passe plus maintenant aux yeux de la généralité des hommes que pour le fruit d'une intelligence étroite, d'un zèle hypocrite ou d'une ridicule exagération. Dans un siècle qui se prétend éclairé, on juge d'un livre sur la parole des journalistes, et l'on condamne ainsi, la plupart du temps, une foule d'excellens ouvrages que l'on n'a jamais lus. Parlez de M. le comte de Maistre et de M. de la Mennais à cette masse d'esprits superficiels qui discutent sur tout et qui n'ont rien approfondi, vous les entendrez bientôt répéter d'une voix imbécille tous les oracles menteurs, stupides ou passionnés de nos journalistes à la mode. Tout ce qu'ils sauront vous dire, c'est que le premier a fait l'apologie du bourreau, que le second a détruit toutes les bases de la certitude, et que tous les deux sont de gothiques écrivains faits pour briller dans les ténèbres du moyen âge ; que ces deux grands hommes sont des ultramontains, et par conséquent des insensés. Mais demandez à de tels critiques s'ils ont lu quelquefois les ouvrages qu'ils s'avisent de censurer, ils vous répondront aussitôt qu'ils ne lisent pas de semblables rêveries, et qu'il suffit à leur conscience d'en avoir vu la condamnation dans les articles du Constitutionnel ou du Courrier français.

Eh bien ! les voilà donc ces hommes qui se vantent de leurs lumières et qui rient de notre crédulité ! voilà donc comment la liberté de la presse est capable de guérir les maux qu'elle enfante, et de détruire l'influence des mauvaises doctrines qu'elle prêche et qu'elle répand ! La plupart des hommes lisent le mal et refusent d'écouter le bien, et l'on veut que la société ne périsse pas au milieu de ce profond délire ! Rome conservoit encore et des mœurs et des vertus au temps de César et de Cicéron, et moins d'un siècle après, Suétone et Tacite nous traçoient déjà l'affreux tableau de la corruption la plus effrayante; cependant alors l'on n'avoit pas l'imprimerie pour propager rapidement les maximes de Lucrèce et d'Epicure. A quoi ne faut-il donc pas nous attendre, nous qui sommes abreuvés de doctrines impies, et pour qui la presse vomit chaque jour les plus détestables poisons ! La philosophie a déjà tellement dégradé notre intelligence, que nous contemplons avec un stupide orgueil la profonde misère intellectuelle dans laquelle nous sommes descendus. La Religion est tellement affoiblie, qu'une multitude de citoyens ont cessé de comprendre les notions les plus communes de la justice, de la sagesse et du bons sens. Ne falloit-il pas arriver au dix-neuvième siècle, pour exalter la perfidie, légitimer la révolte, honorer la trahison? Ne connoissons-nous pas une foule d'hommes qui, dans leur scandaleuse versalité, ont successivement servi tous les régimes, trahi tous les gouvernemens et professé toutes les opinions? Et cependant de tels citoyens, qu'un mépris universel auroit jadis environnés, ne sont ils pas, au contraire, accueillis dans le monde, et la plupart d'entre eux ne reçoivent-ils pas chaque jour des louanges, des adulations et de serviles hommages !

Dans les siècles réputés barbares, on pouvoit commettre un acte de félonie, quoiqu'un pareil scandale fût aussi rare qu'il est aujourd'hui commun ; mais du moins celui qui ne craignoit pas alors de s'en rendre coupable, en recueilloit aussitôt pour récompense le mépris et l'indignation de tous ses contemporains. On pouvoit peut-être profiter de la trahison, mais le traître se voyoit soudain repoussé par la société toute entière. On ne cesse de nous parler d'honneur, et l'Europe est couverte de parjures ! Craint-on parmi nous de violer le plus saint de tous les sermens ? N'avons-nous pas tour à tour vendu la république, trahi Bonaparte, abandonné les Bourbons ? Je sais tout ce qu'on a dit pour légitimer une conduite pareille ; mais est-il jamais possible de légitimer un crime, et n'est-ce pas un crime que de prendre son épée pour détruire le pouvoir qui nous arma ? Pourquoi prêtons-nous obéissance au gouvernement qui ne mérite pas notre amour, ou pourquoi ne quittons-nous pas loyalement son service aussitôt qu'il a perdu notre estime ou notre affection ? Est-il une loi dans la nature qui permette d'attaquer celui qui nous confia sa défense, et qui compte sur notre fidélité ? A-t-on vu les peuples religieux donner jamais l'exemple d'une telle perfidie ? Avons-nous vu, qu'on me réponde, un seul royaliste espagnol abandonner la sainte cause de l'indépendance, et livrer à Bonaparte les destinées de sa patrie ? Avons-nous vu, qu'on me réponde, un seul Vendéen flétrir ses drapeaux, et se vendre à la république ? Non, non, partout où les principes religieux ne sont pas détruits, on ne verra jamais enfreindre la foi du serment, et fût-on le plus mécontent de tous les citoyens, on a le courage de mourir au poste de l'honneur, ou l'on quitte avec loyauté le gouvernement qu'on ne veut plus servir. Si Bonaparte m'avoit confié la garde d'une forteresse ou la porte d'une cité, si j'avois accepté cette mission, je n'aurois pas moins condamné sa tyrannie, mais je serois mort sur la brèche, et jamais il ne m'auroit vu dans le rang des transfuges qui l'ont abandonné.

Quand la trahison est devenue si commune en Europe, oserons-nous dire que l'immoralité n'est pas grande, et qu'on ne marche pas vers une entière dissolution ? Quand Rome oublia la foi des sermens, il fallut désespérer de la chose publique, et le plus sombre esclavage devint l'unique refuge de cette grande nation dégénérée. Il faut gémir à la vue d'un peuple qui n'a plus horreur de la perfidie, et qui trouve des raisonnemens pour excuser la trahison. La fin de ce peuple n'est que trop prochaine, et si la fièvre révolutionnaire peut le soustraire un instant, la crise fatale ne se fera pas attendre, et l'heure de son agonie n'est pas éloignée.

Je ne parlerai pas des vices qui de toutes parts nous inondent, de l'usure qui dévore le patrimoine de la veuve et de l'orphelin, de ce profond égoïsme qui détruit tous les généreux sentimens, et qui révoque en doute toutes les vertus de l'humanité, de cette ambition sans pudeur et sans frein qui s'est emparée de toutes les classes, de cette soif désordonnée de la fortune qu'on satisfait aux dépens de toutes les lois de l'équité, de la justice et de l'honneur ; on m'accuseroit encore d'exagérer le mal et de calomnier le siècle où nous vivons. Je demanderai seulement aux admirateurs d'un siècle tant vanté, si les mœurs publiques sont aussi pures qu'ils ont l'air de le croire, si nous avons la même probité que nos aïeux si bassement dénigrés par leurs enfans superbes ; si nous possédons le même caractère de noblesse, de franchise et de loyauté ; pourquoi ces plaintes qui viennent sans cesse retentir à nos oreilles et qui démentent si solennellement leur imposante assertion ? Les cris unanimes qui s'élèvent contre les fraudes électorales ne prouvent-ils pas jusqu'à l'évidence qu'on se défie des hommes et qu'on n'a plus foi dans la probité ? Aux alarmes qui se manifestent contre tous les genres d'autorité quelconque, ne doit-on pas croire et penser qu'en effet la corruption s'est tellement répandue, qu'il

faut

faut se défier en général de tous les fonctionnaires? D'où vient, qu'on me le dise, cette manie de centraliser l'administration, et d'environner ses nombreux agens de toutes les précautions qu'a pu suggérer le génie étroit de la bureaucratie? Si le ministère inspire une profonde défiance à la masse des citoyens, le ministère, à son tour, n'a-t-il pas une défiance égale pour tous ses malheureux subordonnés? Ne faudra-t-il pas, avant dix ans, agrandir les archives de toutes les administrations qu'encombrent des montagnes de papier, et le maire du dernier village n'est-il pas accablé de circulaires qu'il ne peut comprendre et d'instructions qui font de sa tête un véritable cahos? Je ne prétends pas cependant condamner un système qui sans doute a des abus intolérables, mais qui néanmoins seroit assez sage si l'on avoit soin de le réduire dans de justes limites; je veux seulement constater un grand fait, c'est qu'en général on n'a plus foi dans la probité des hommes, et je pense qu'en général on aura toujours raison de plus en plus.

Mais si, d'une part, on prend toutes les mesures contre le défaut de probité, on montre de l'autre une extrême indulgence pour toutes les prévarications une fois commises. Les lois sont partout sévères, mais on applique rarement les peines qu'elles imposent; on se borne à défendre, et l'on répugne à châtier. Il existe dans toutes les professions une foule d'hommes sans équité, sans vertu, sans honneur, et cependant une scandaleuse impunité les protége, et par conséquent les encourage à poursuivre.

Comment concilier tant de prévoyance d'un côté et tant d'indulgence de l'autre ? C'est qu'on sent le besoin d'arrêter le mal, et qu'on n'a pas ensuite la force d'appliquer le remède indiqué par la loi; c'est que le nombre des coupables épouvante, et que d'ailleurs on n'a plus une invincible horreur pour les actions qui manquent de délicatesse, d'honneur et de loyauté. La religion ayant perdu son empire, on cesse d'être profondément indigné d'une conduite que réprouve sa morale. La vertu a besoin de conviction, et quand cette conviction n'est pas gravée dans le fond des cœurs, la société se laisse amollir, les caractères généreux s'effacent, et l'égoïsme devient le bourreau de toutes les grandes pensées.

L'indifférence en matière de religion s'est propagée dans toute l'Europe, et la raison, après avoir ébranlé toutes les doctrines sociales, finira par s'abrutir entièrement. Incapable de rien comprendre quand une fois la religion a cessé de la conduire, impuissante même à trouver la preuve du néant qu'elle désire dans son misérable orgueil, elle a successivement tout nié, tout contesté, tout contredit; les vérités les plus incontestables sont devenues des problèmes; on ne sait plus que penser, on ne sait plus que croire. Au milieu de cette anarchie des opinions et des croyances, l'amour de la vertu s'éteint, l'amour du crime se propage. L'homme étant sorti de l'ordre établi par la Providence, se traîne d'égaremens en égaremens; une vague inquiétude l'agite et le tourmente; un malaise qu'il ne peut expliquer le consume, l'irrite et l'abat: la société marche dans une route inconnue; mais elle lutte vainement contre le danger qui la presse; elle fait chaque jour un pas vers l'abîme qui doit la dévorer.

CHAPITRE VIII.

ESSAI SUR LES MOYENS DE RECONSTITUER LES SOCIÉTÉS POLITIQUES.

Nous avons vu jusqu'ici avec quelle force irrésistible l'Europe se trouvoit poussée vers une dissolution plus ou moins prochaine ; nous avons vu que cette marche étoit la conséquence inévitable d'une orgueilleuse et mensongère philosophie ; nous avons vu que la base de cette philosophie de destruction reposoit toute entière sur l'indépendance de la raison privée, et par conséquent sur le mépris de toute autorité religieuse, politique et morale. Il est donc nécessaire de répudier cette doctrine d'une manière absolue, si l'on veut rétablir les fondemens de la société qui s'écroule. Ce n'est pas seulement en proclamant de belles chartes, en prononçant des phrases sonores, en parlant d'une manière vague de lois, de patrie et de religion, qu'on fera chérir la patrie, honorer la religion et respecter les lois. Ce n'est pas en pactisant avec les doctrines du mensonge, ce n'est pas en faisant abandonner au pouvoir politique et religieux la moitié du terrain qu'il occupoit jadis, qu'on pourra se vanter d'avoir conjuré l'orage, et prévenir des calamités nouvelles. Comme la société ne peut vivre sans un pouvoir suprême qui la protége et qui la défende contre les passions des divers membres qui la composent, il est nécessaire que ce pouvoir conservateur repose sur une base inébranlable, et que nul citoyen ne puisse y porter atteinte sans commettre un véritable attentat. On fera, nous le savons, de fort belles lois qui déclareront d'une manière solennelle le pouvoir suprême inviolable et sacré ; mais si de telles lois n'ont aucune sanction dans la religion, elles n'auront certainement que la durée d'un songe ; car rien, excepté la force, n'en garantira l'exécution fidèle et le salutaire maintien. Si le peuple est souverain, qui pourra le dépouiller de ce droit terrible ? Si, volage, aveugle, capricieux, comme il le sera toujours, il se lasse du joug qu'il s'imposa dans un moment d'ivresse, de fanatisme ou de bon sens, qui l'empêchera d'anéantir son ouvrage, de lacérer la charte constitutionnelle, et d'appeler d'autres maîtres, un autre régime et des modifications nouvelles plus ou moins sages, ou plus ou moins insensées ? Blessera-t-il sa conscience en revendiquant l'autorité suprême qu'il avoit aliénée d'une manière conditionnelle et précaire ? En vain lui dira-t-on que le pacte souscrit n'est pas résilié, parce que les conditions en ont été scrupuleusement remplies ;

comme il est partie et juge en dernier ressort dans une question semblable, qui l'empêchera de crier à la violation du pacte et de prononcer en sa faveur, malgré l'injustice et l'absurdité d'une allégation pareille? Il est évident pour la raison la plus commune que tout pouvoir établi sur la doctrine de la souveraineté populaire ne peut vivre, ne peut marcher avec honneur, sans recourir au bras de la force, et sans confier exclusivement à la protection des baïonnettes le soin de le soutenir et de le défendre. Il suit de là que le peuple se croira lésé, lors même que le pouvoir n'agira que dans l'unique but d'affermir la félicité publique. Il est donc évident que cette malheureuse doctrine, que cette doctrine essentiellement oppressive, ne tend qu'à rendre les peuples sans cesse mécontens, et par conséquent toujours malheureux. Elle n'aboutit qu'à changer une domination paternelle en véritable tyrannie, puisque tout pouvoir dont la force demeure l'unique soutien, est un régime despotique, et ne mérite pas d'autre nom. La chimère du *Contrat social*, d'ailleurs si formellement démentie par l'histoire, n'est donc qu'un rêve de l'orgueil en démence; et si jamais la doctrine de la souveraineté populaire alloit devenir la croyance universelle du genre humain, il faudroit désespérer du salut du monde, et sur les ruines de la société mourante se voiler la tête, en attendant l'heure de sa prochaine dissolution. Il faut donc proscrire cette épouvantable doctrine, il faut donc étouffer en Europe ce germe fatal de destruction; il faut donc remonter à la véritable origine de tous les gouvernemens; il faut donc rétablir le pouvoir politique sur une base sacrée contre laquelle viennent se briser tous les sophismes de l'erreur et tous les argumens de la fausse sagesse, de l'orgueil, du crime et de la mauvaise foi; il faut que la religion environne d'une salutaire majesté le code de nos lois politiques, si nous voulons que le peuple en observe les commandemens, et pour cela qu'il cesse d'y contempler son ouvrage.

Le vrai, l'unique, l'infaillible moyen d'obtenir un semblable résultat, c'est de faire un divorce éternel avec les doctrines de la révolution, c'est de quitter franchement le sentier de l'erreur dans lequel se sont traînés plus ou moins la plupart des gouvernemens de l'Europe; c'est d'abjurer avec courage et d'une manière absolue toutes les maximes d'une philosophie en délire; c'est de rétrograder avec un zèle magnanime vers les saintes croyances de nos aïeux; c'est de rétablir dans toute sa force le principe éminemment conservateur de l'autorité religieuse qu'avoit altéré la réforme, et que la philosophie a presque anéanti. Il n'est de salut pour la France et pour l'Europe entière que dans son retour au véritable Christianisme, c'est-à-dire au Christianisme du Pape, qui seul est capable d'arrêter le fatal mouvement qui nous pousse vers l'abîme. Tant qu'il reste encore au milieu de notre Europe quelques principes de force, de chaleur et de vie, tant qu'il existe encore au milieu de nous des ames vertueuses, des esprits droits et des cœurs généreux, tout n'est pas entièrement désespéré, et la société peut renaître avec une nouvelle gloire, et s'éloigner du sépulcre où s'efforcent de l'ensevelir des hommes qu'aveugle un déplorable vertige, et que subjugue un misérable orgueil sans pudeur et sans frein.

Grands de la terre! ministres! potentats! augustes dépositaires de nos destinées! je vous en conjure au nom de l'Europe qui vous contemple, au nom de l'humanité qui souffre et qui gémit, au nom de la postérité qui vous attend et qui vous jugera; levez-vous et frappez, écrasez l'hydre des révolutions, et que votre glaive n'épargne aucune de ses têtes sanglantes. Levez-vous et frappez, repoussez loin de vous ces voix adulatrices qui voudroient vous séduire par les attraits d'une popularité mensongère et funeste. Transiger avec une secte impie, c'est devenir son esclave; abaisser devant elle la majesté du diadème, ce seroit dévouer le monde à d'épouvantables calamités, ce seroit creuser votre propre tombeau, et commettre le plus monstrueux de tous les suicides. On vous dit peut-être qu'il faut marcher avec les idées du siècle, qu'il est sage, qu'il est nécessaire, qu'il est urgent de faire des concessions à l'impiété; mais ceux qui vous tiendroient un pareil langage sont des hommes vendus à la ligue insensée qui médite votre perte, qui rêve notre opprobre, et qui propage au milieu des nations les funestes théories de la discorde, du désespoir et de la mort. Un grand homme ne doit jamais être l'esclave de son siècle; il doit, au contraire, le dominer et le conduire; il doit saisir avec transport la vérité qu'il aperçoit; planant par sa noble pensée au-dessus des têtes vulgaires, il doit s'élancer dans l'avenir, et ne pas chercher par de fatales concessions les applaudissemens des partis qui l'entourent, et les hommages passagers d'un siècle qui s'abuse. La grandeur de son courage pourra confondre les hommes timides et les remplir d'une ridicule épouvante; ses contemporains, peut-être, auront la folie de le condamner; mais l'avenir tout entier est son patrimoine, et la postérité, toujours juste et sans passions, se hâtera de l'absoudre, de le justifier, et de couronner sa gloire. Qui n'est pas capable de contempler avec dédain les avantages d'une popularité mensongère, ne méritera jamais la véritable admiration des hommes, et n'obtiendra jamais le respect des factions.

Grands de la terre! ministres! potentats! croyez-en les véritables amis de l'humanité; le péril s'avance, il nous environne, il nous presse de toutes parts; encore quelques années, et l'Europe, cette belle Europe que nous chérissons tous, et dont le salut vous est confié, ne sera plus qu'une terre d'anarchie, de servitude et de malédiction. Encore quelques années, et nous verrons périr cette civilisation brillante qui fait notre juste orgueil, qui dut sa naissance aux célestes bienfaits du Christianisme, et que le Christianisme seul a le pouvoir de sauver et de garantir. Assez et trop long-temps un funeste *modérantisme* a régné dans les cabinets de l'Europe; assez et trop long-temps on a cru vaincre la révolution par des caresses; assez et trop long-temps on a pallié ses crimes, légitimé ses fureurs, épargné ses doctrines. L'expérience est là pour nous l'apprendre. Qu'avons-nous donc gagné sur elle, et la voyons-nous enfin tranquille, repentante et soumise? A-t-elle perdu, qu'on me réponde, une seule de toutes ses espérances? A-t-elle abjuré, qu'on me le dise, une seule de toutes ses maximes? A-t-elle absous la royauté qui s'est prosternée devant elle? La révolution se lève plus audacieuse et plus formidable que jamais; elle a fui ses ténébreuses cavernes, elle conspire à la face du soleil; elle a presque abandonné le manteau de sa lâche hypocrisie, et ses cris de destruction à peine déguisées ont rempli tous les cœurs honnêtes de sinistres pressentimens, de tristesse, de douleur et d'effroi. Pourquoi ne voudra-t-on jamais le comprendre ? Si l'on ose transiger avec elle, la révolution n'attribuera qu'à la foiblesse les dons volontaires de la générosité ; la révolution qui n'est pas triomphante peut signer une trève, elle peut se taire un instant quand elle est vaincue ; mais en souscrivant un traité, sa main parjure est prête à déchirer son ouvrage ; elle peut ajourner ses projets coupables, mais y renoncer, jamais. Pour la satisfaire il faut que la royauté se précipite elle-même du trône, et que la société se plonge avec elle dans les enfers.

La révolution, sans doute, est effrayante, on a raison de la craindre ; mais si l'on ne veut pas en être dévoré, il faut cesser de caresser le monstre, il faut s'armer de courage, il faut l'anéantir. Les factieux sont redoutables, sans doute ; mais c'est quand le pouvoir a le visage de la peur. Gouvernemens de l'Europe, n'en doutez pas un instant, Il est question pour vous de vaincre ou de périr ; si vous montrez de la foiblesse, n'en doutez pas encore, vous êtes perdus sans retour ; plus de traités d'alliance avec les factieux, plus de pacte avec les erreurs qu'ils professent : que toutes les rivalités nationales disparoissent devant l'urgente nécessité de sauver le monde ; qu'un admirable concert vous réunisse dans l'unique intérêt de votre gloire et de notre conservation ; que votre union, fondée sur les lois éternelles de la justice, de la sagesse et de la force, confonde l'espoir de tous les factieux qui nous entourent ; que votre imposante et vigoureuse attitude leur inspire des craintes salutaires ; méprisez leurs impuissantes clameurs, enfin soyez forts, et vous les verrez pâlir.

Je ne prétends pas néanmoins appeler le glaive sur leurs têtes ; une telle pensée n'entrera jamais dans mon cœur, qu'on ne vienne donc pas m'en accuser. Mais qu'on fasse à leurs doctrines une guerre éternelle, et surtout une guerre à mort. Les fauteurs de la révolution ressemblent à des insensés qui s'approcheroient de nos habitations, une torche incendiaire à la main ; il faut désarmer ces furieux, et non les exterminer ; il faut avoir pitié de leur délire, mais étouffer la cause qui l'avoit produit, et qui pourroit encore produire un même effet sur l'esprit des autres citoyens.

Tant qu'on ne descendra pas jusqu'à la racine du mal, on n'aura rien fait pour le salut du monde. Plusieurs révolutions pourront naître et finir ; plusieurs restaurations pourront succéder à des jours d'orage et de tempête ; l'homme de bien qui n'a pas sondé la plaie de nos sociétés modernes dans ses dernières profondeurs, pourra saluer par intervalle des époques d'allégresse, de calme et de repos ; mais la société ne sera jamais rétablie sur ses véritables fondemens, si le pouvoir n'a pas enfin le courage d'extirper le dernier rejeton de l'erreur qui condamne l'Europe à de fréquentes secousses, et qui finira par anéantir toute espérance de gloire et de bonheur. Or, comme tout le mal réside dans un principe unique, dans l'indépendance de la raison privée, il faut tuer enfin ce principe destructeur, et le renier dans toutes ses conséquences. L'unique parti qui nous reste à prendre est de remonter au Christianisme, qui renferme toutes les vérités religieuses, morales et politiques. Le Christianisme seul est fort, parce que seul il est vrai ; le Christianisme seul est puissant, parce que seul il commande à l'orgueil de la raison. Le matérialiste et l'athée sont des fous dont la doctrine outrage le sens commun, légitime l'empire de toutes les passions, navre le cœur, révolte l'esprit, détruit toutes les vertus et sape ainsi jusque dans ses dernières bases l'édifice de toutes les sociétés humaines. Le déiste n'ayant pour guide qu'une raison mobile et trompeuse, ne peut inspirer aucune confiance ; il modifie au gré des penchans désordonnés de la nature les maximes de sa morale complaisante dont rien ne garantit la sanction ; sa conscience étant son ouvrage, il en reste l'unique souverain : aussi n'a-t-on jamais vu les déistes s'accorder entre eux ; ce que l'un regarde comme un crime, n'est aux yeux de l'autre qu'un acte indifférent; si Jean-Jacques me vante la chasteté, Bolincbroke l'appelle une chimérique vertu; si Platon me commande la justice, Helvétius me fait comprendre que je puis y manquer; si tel philosophe condamne l'adultère, tel autre ne rougit pas de l'excuser et même de l'absoudre. Une semblable doctrine n'est pas capable de faire le bonheur du monde, et je reconnois, avec le bon sens, la nécessité d'une loi positive qui m'éclaire sur mes devoirs, qui m'apprenne sans détour ce que je dois faire et ce que je dois éviter; qui ne laisse pas à mes passions favorites le pouvoir d'égarer mon esprit et de séduire mon cœur, et qui me force d'avouer mes erreurs, de les proscrire, de céder, enfin, de croire et d'obéir. Irai-je maintenant chercher dans le protestantisme les moyens énergiques capables de rétablir l'ordre social sur d'inébranlables fondemens? Quel homme raisonnable oseroit le dire et pourroit le conseiller? Si l'intelligence de l'homme n'étoit jamais obscurcie par les vapeurs du vice et subjuguée par ses trompeurs attraits, il est à présumer que l'homme resteroit constamment fidèle aux doux charmes de la vertu, et que la vérité conserveroit toujours sur son cœur son aimable et salutaire empire. Mais hélas! avec quelle déplorable facilité l'homme ne devient-il pas l'esclave de ses viles passions! Ne rencontre-t-il pas dans l'amour, dans l'ambition, dans la cupidité, des tyrans impitoyables qui l'asservissent, ou des flatteurs adroits qui l'égarent? N'est-il pas surtout le jouet de son misérable orgueil? Et pour résister à ce maître impérieux n'a-t-il pas le plus grand besoin d'une religion forte qui le soutienne, qui le dirige et qui l'empêche de céder à ses perfides raisonnemens?

Mais, nous dira-t-on, le protestant possède les lois morales de l'Evangile, et sous ce rapport du moins il professe les mêmes principes que nous: on pourroit, sans doute, contester une assertion pareille, mais pour aller plus vite au but, je veux bien la supposer aussi vraie qu'elle est évidemment fausse. N'est-il pas certain que le protestant seroit dans la triste impuissance de se maintenir dans une position semblable? En effet, s'il est permis de rejeter, comme le disent les protestans qui raisonnent, tout ce que la raison ne peut comprendre, n'est-il pas évident que la partie dogmatique de la Religion s'écroulera toute entière? Qui pourra m'expliquer humainement le péché originel, et la divinité de Jésus-Christ? N'est-il pas certain que si l'on veut approfondir ces adorables mystères de la religion, l'intelligence de l'homme est accablée sous le poids de leur inconcevable grandeur, et que la raison se trouble, chancelle et succombe? Les protestans n'ont-ils pas eux-mêmes fourni les preuves d'une aussi triste vérité? Quel effrayant intervalle n'ont-ils pas franchi depuis Luther et Calvin jusqu'à nous! Que sont devenues les professions de foi rédigées par les premiers réformateurs? A l'aide de sa doctrine, le protestant démolit le Christianisme pièce à pièce, et de ruine en ruine il s'avance insensiblement sur le domaine du matérialiste et de l'athée. Après avoir nié la présence réelle, si formellement enseignée par l'Évangile, et si solennellement professée par l'Église; après avoir nié la divinité de Jésus-Christ, sans laquelle, il faut le dire, le Christianisme n'est plus qu'une grande et sacrilége imposture, la raison ne viendra-t-elle pas nier enfin le bienfait même de la révélation, et n'accusera-t-elle pas de timidité ceux des protestans de nos jours, qui n'ont pas encore osé la révoquer en doute? Le Christianisme rationnel de l'Allemagne est-il autre chose qu'une véritable apostasie de la religion chrétienne? N'enseigne-t-on pas aujourd'hui que la religion doit se perfectionner avec le temps, comme s'il étoit possible de changer les rapports éternels de l'homme à Dieu, comme si la religion ne devoit pas être immuable et conforme à la nature du Dieu même qui l'a révélée? N'a-t-on pas encore la démence d'appeler un système aussi monstrueux, le chef-d'œuvre de la philosophie et la gloire de l'esprit humain? Le protestantisme n'est déjà plus aujourd'hui qu'un véritable déisme, et les prédictions

dictions du grand Bossuet sont à la veille de s'accomplir.

Or, dès que Jésus-Christ ne sera plus adoré comme un Dieu, dès que tous les dogmes auront péri sous les coups d'une raison pleine d'orgueil, qui ne peut rien comprendre entièrement dans ces hautes régions de l'intelligence; n'est-il pas certain que la morale succombera sous les mêmes atteintes, et que l'esprit viendra promptement légitimer les passions du cœur, auquel la voix d'un Dieu ne commandera plus? Qui n'a pas connu la perfide éloquence des passions? qui n'a pas fléchi plus ou moins devant ses violentes ou subtiles attaques? Si le chrétien, plein d'une foi sincère et virile, se laisse encore quelquefois entraîner par ces passions cruelles, comment l'incrédule osera-t-il se flatter de les combattre, de les repousser et de les vaincre? Nous trouvons dans la plupart des grands philosophes de l'antiquité, et même dans ses poètes menteurs, les plus belles maximes de justice, de sagesse et de vertu. Cependant, je le demande, comment se fait-il que les plus nobles efforts de la philosophie n'aient pu changer le monde, et produire ces vertus adorables dont le Christianisme seul a pu nous offrir le spectacle ravissant? Quel sage de la Grèce et de Rome oserions-nous comparer à nos saints Vincent de Paule, à nos saints Charles Borromée, à nos saints François de Sales, à cette multitude innombrable d'augustes personnages que les fastes de la religion présentent à l'admiration de l'univers? Les prétendus sages de l'antiquité, que l'énergique Tertullien a surnommés des animaux de gloire, parloient quelquefois de la vertu sur un ton noble et touchant, mais les sages du Christianisme ne se contentent pas d'en faire, comme eux, de pompeux éloges, ils savent la pratiquer dans toute son étendue, ils savent lui sacrifier tous les biens de cette vie périssable, ils savent immoler devant elle jusqu'aux derniers mouvemens de ce misérable orgueil dont Socrate et Cicéron se montrèrent constamment les esclaves; ils ont le courage de mourir non-seulement avec résignation, mais encore avec joie; ils ont la générosité, non-seulement de bénir l'ami qui les console au moment fatal, mais encore de pardonner au bourreau qui les frappe, et de prier pour l'assassin qui les égorge. Ce contraste ne devroit-il pas convaincre les plus incrédules, et leur prouver que la plus belle morale n'est rien sans une religion positive qui nous offre la garantie de son fidèle accomplissement?

On parle de la conscience et de la raison; mais la raison est, aussi bien que la conscience, un guide aveugle et complaisant qui se prête à tous les sophismes et qui nous précipite dans toutes les erreurs. A l'aide de sa raison, l'infortuné Jean-

Jacques n'a-t-il pas absous jusqu'à l'affreuse doctrine de l'athée? n'a-t-il pas propagé dans le monde les plus détestables maximes et les principes les plus destructeurs? A l'aide de sa raison n'a-t-il pas voulu justifier les plus indignes foiblesses? et tout en outrageant les premiers sentimens de la nature, n'a-t-il pas l'audace ou peut-être la bonne foi de se donner pour le plus sage et pour le meilleur de tous les hommes?

Quand à l'aide de sa raison on voit descendre un beau génie jusqu'à ce degré d'avilissement, peut-on nous vanter encore, sans sourire de pitié, l'empire d'une raison si foible et si trompeuse? L'homme a donc besoin d'une boussole plus certaine que sa raison et d'un guide plus éclairé que sa conscience.

Le protestant qui croit encore au Christianisme pourra sans doute pratiquer une partie des vertus qu'il commande, mais ce que je dis avec une conviction profonde, c'est que sa croyance ne cessera pas de décroître jusqu'à l'entière destruction de cette religion divine. C'est que de ruine en ruine le protestantisme finira dans le néant, et qu'il marche visiblement vers ce terme inévitable. Le protestant peut descendre jusqu'à la philosophie d'Epicure, sans violer le principe fondamental de sa doctrine, puisque, selon cette doctrine, la raison privée est l'unique règle de sa foi, et par conséquent l'unique juge de ses actions. Le catholique, au contraire, est tenu d'obéir à l'Eglise et d'admettre tout ce qu'elle admet, de rejeter tout ce qu'elle proscrit, et de soumettre à son tribunal l'orgueil de sa raison particulière. Or, qui ne voit au premier coup d'œil la distance infinie qui sépare les deux religions? Qui refusera de reconnoître un principe d'anarchie dans la croyance du protestant, et dans celle du catholique un principe d'unité, de force et de conservation? Qui pourra nier les avantages d'une doctrine tellement liée dans son ensemble, qu'il est impossible d'en rejeter un seul article sans se constituer par-là même dans une attitude sacrilége de révolte et d'impiété?

Toutes les sociétés ont besoin, pour vivre, d'un pouvoir suprême qui maintienne dans l'union les diverses parties qui les composent; sans l'existence de ce pouvoir suprême, chaque membre consultant ses goûts particuliers, ses intérêts particuliers, sa raison particulière, voudra suivre sa raison, ses intérêts et ses goûts. S'il n'est pas dans la famille un chef qui commande, et dont chaque membre soit tenu d'exécuter les volontés souveraines, il n'est plus d'ordre possible dans une famille pareille, la désunion deviendra presque toujours la conséquence de cette absence d'autorité, et l'anarchie s'établira dans l'ombre des foyers domestiques. S'il n'est pas dans un atelier, dans une maison de commerce, dans un établissement quelconque, un pouvoir souverain auquel on soit contraint d'obéir, l'intérêt individuel en bannira bientôt l'esprit de concorde, de confiance et d'amélioration, et la volonté de chaque individu s'isolant à l'infini, la ruine de tous en deviendra tôt ou tard la déplorable conséquence. Enfin, la plus mince aggrégation exige, pour se maintenir, un centre d'unité, un lien commun, un principe essentiellement conservateur. Les bandes même de ces misérables qui sèment l'épouvante sur les grandes routes de la belle Italie, ne subsisteroient pas vingt-quatre heures, si, par cet instinct de conservation naturel à toutes les sociétés humaines, elles n'avoient pas la prudence de reconnoître un chef réellement investi de tous les attributs de l'autorité souveraine. Depuis la dernière république jusqu'au plus vaste empire de l'univers, on retrouve partout cette autorité suprême, indispensable et seule garantie d'une longue existence et d'une paisible durée. Que cette autorité suprême s'exerce d'une manière individuelle, comme dans les monarchies pures, ou d'une manière collective, comme dans les états républicains, il n'en est pas moins évident qu'une autorité semblable existe partout, et que sans elle aucune société politique ne pourroit se former, s'étendre et surtout se maintenir. Que le pouvoir suprême réside uniquement dans le prince, comme en Espagne, ou dans la réunion du prince et d'un parlement comme en Angleterre, il n'est pas moins évident qu'un tel pouvoir est sans limites, et que personne n'a le droit de lui désobéir, sans se placer dans un état de révolte et d'hostilité.

Or, si toute société politique, civile et même domestique a besoin d'une autorité souveraine pour se garantir d'une entière et rapide dissolution, en sera-t-il autrement dans la société religieuse, et pourrons-nous en concevoir la durée sans l'existence de ce pouvoir éminemment conservateur? Dans une telle supposition, qui pourra s'opposer avec succès aux attaques de l'erreur? qui pourra la vaincre et la détruire? Si quelque impie se permet de contester la décision des pasteurs et de braver les paroles de Jésus-Christ lui-même, qui s'arrogera le droit de le reprendre, de le confondre et de le condamner? Si vous avez la folie d'opposer à sa démence le témoignage de votre raison, il vous opposera le témoignage de la sienne, et qu'aurez-vous à lui répondre? Non, non, sans un tribunal dans la société religieuse, il est impossible d'éviter l'erreur que toutes les passions favorisent, et surtout de comprimer et d'arrêter ses ravages. Une société religieuse, sans une autorité suprême chargée de sa défense, est, avant la réforme du seizième siècle, un véritable phénomène dans l'histoire de toutes les nations. Dans les républiques de l'antiquité, malheur au téméraire qui auroit eu l'imprudence d'attaquer la religion de son pays! Alors on comprenoit que la religion est l'unique palladium de la liberté, et que l'incrédulité conduit à la perte de tous les biens qu'il est permis d'aimer ici-bas. Alors on étoit persuadé, on avoit la conviction que tout blasphème contre la religion nationale étoit en même temps un sacrilége attentat contre la patrie; et tant que les républiques de l'antiquité le comprirent, les mœurs se conservèrent pures, la religion resta la gardienne des vertus publiques, et la liberté ne reçut aucune atteinte. Mais enfin, comme tout finit sur la terre, on cessa bientôt de le comprendre, et la liberté trouva sa mort dans les doctrines de la philosophie. Rome avoit su braver l'épée du soldat, elle tomba devant la plume du sophiste.

La religion est l'unique soutien des empires, on ne peut assez le répéter, puisqu'elle obtient par l'amour ce que la force ne peut jamais obtenir par la crainte. Tout gouvernement qui refuse de s'ancrer dans la religion est un gouvernement possédé par un esprit de démence, et qui se rend coupable d'un véritable suicide. Mais le gouvernement pourra-t-il protéger et défendre une religion qui n'est pas fondée sur des principes invariables? Dans un pays protestant, par exemple, pourroit-il s'opposer aux attaques dirigées contre la religion nationale, et proscrire des opinions que la religion même n'auroit pas le droit de condamner sans répudier son principe fondamental? Il pourroit le faire, sans doute, comme l'ont fait les rois d'Angleterre; mais je vous le demande, ce fait ne seroit-il pas évidemment contraire au droit, et cette conduite seroit-elle autre chose qu'une véritable tyrannie? Il pourroit le faire, sans doute; mais la conscience publique crieroit à l'oppression, et l'erreur ne s'en propageroit pas moins. La force matérielle est bien foible, si la conscience des peuples ne vient pas en légitimer l'usage; elle ne paroît bientôt qu'un abus révoltant de l'autorité, et l'impitoyable logique est là qui l'emporte en définitive sur toutes les vaines précautions du pouvoir. Les gouvernemens ne peuvent donc arrêter les égaremens de l'esprit humain, s'ils ont le malheur de régner sur un peuple dont la religion manque d'unité, et par conséquent de force morale. Heureux au contraire, et mille fois heureux les gouvernemens qui règnent sur une nation dont la croyance est établie sur le salutaire principe de l'autorité religieuse! Leur tâche est alors facile, parce qu'au lieu d'agir en sens inverse du principe fondamental de la religion, ils marchent d'une manière conforme à ce principe, et que dans cette hypothèse ils répondent à la conscience publique en réprimant les erreurs.

Prétendre avec de malheureux sophistes que le pouvoir ne doit jamais intervenir dans les intérêts de la religion nationale, c'est prétendre qu'ils doivent consentir à voir saper sans crainte la première et l'unique base de leur autorité, c'est braver l'exemple de tous les siècles et de tous les pays, c'est outrager le bon sens le plus vulgaire, c'est tomber dans la plus déplorable de toutes les illusions.

On punit l'assassin qui commet un crime isolé, et tout le monde applaudit à cet acte de justice; les philosophes même qui condamnent la peine capitale n'ont cependant jamais eu la folie d'absoudre le coupable de tout châtiment quelconque. Eh! pourquoi le gouvernement n'auroit-il pas le droit de châtier le malheureux qui s'efforce d'anéantir la religion de sa patrie? Travailler à détruire la croyance nationale, n'est-ce pas attaquer le gouvernement lui-même? n'est-ce pas troubler la paix publique et s'ériger en véritable conspirateur? Or, si le gouvernement garde une attitude silencieuse, s'il se laisse plonger dans une fatale indifférence, ne compromet-il pas son avenir et le nôtre, et ne doit-il pas répondre devant la terre et devant le Ciel de sa criminelle apathie et de cette espèce de complicité?

On m'accusera peut-être ici de provoquer la persécution, et de prêcher l'intolérance; mais ceux qui me feroient un reproche semblable ne m'auroient nullement compris, et je me consolerois d'une censure que je n'aurois pas méritée.

Je suis chrétien, je connois toute la grandeur de ce glorieux titre, et jamais, je l'espère du moins avec la grâce de mon Dieu, jamais on ne m'entendra provoquer des lois de vengeance, de terreur et de sang. Mais jamais aussi je ne craindrai de proclamer la vérité que j'aurois comprise, et que je croirois utile au bonheur de ma patrie et du genre humain. Or, j'ai la conviction la plus intime et la plus profonde que tout gouvernement doit s'identifier avec la religion, et que s'il manque à ce plus saint de tous les devoirs, il compromet son existence même, et qu'il viole ainsi la première de toutes les lois de la nature.

Mais, va-t-on s'écrier, comment pourra-t-on concilier ce principe avec la profession de foi que nous venons d'entendre? Comment défendre une religion, sans persécuter les citoyens qui n'en reconnoissent pas les doctrines? Qu'on m'écoute un instant, et l'on conviendra qu'il n'est pas difficile de tout concilier sans choquer le bon sens, et sans blesser la justice qui doit présider à tous les actes de la souveraineté. Expliquons-nous en deux mots. Le gouvernement règne sur un peuple catholique, ou sur un peuple qui ne l'est pas, ou sur une nation divisée en plusieurs religions différentes.

Si le peuple a le bonheur d'être catholique, sans mélange d'aucune autre religion, la tâche du gouvernement est facile; il suffit alors de marcher avec l'Eglise, d'agir de concert avec elle, et de réprimer toutes les innovations qu'elle déteste et qu'elle proscrit. Un catholique, sans doute, peut s'égarer dans sa doctrine, et tant que son opinion reste dans le secret de sa conscience, c'est une affaire entre le Ciel et lui ; mais s'il veut propager son erreur, il se place par-là même en état de révolte contre les lois établies, et sa conduite devenant ainsi factieuse et criminelle, il mérite le châtiment réservé à tous ceux qui ne veulent pas reconnoître les lois de leur pays. Dès qu'il cherche à détruire l'unité de la religion nationale, qui est le plus grand de tous les biens sociaux, dès qu'il s'efforce d'agiter la société qui le protége, il mérite justement d'en être exclus, et l'arrêt qu'il subit est une peine légitime qu'il avoit dû prévoir et qu'il pouvoit éviter. S'il ne l'a pas voulu, c'est sa faute, et non pas celle du gouvernement, dont le premier devoir est de s'opposer à l'introduction de toutes les erreurs qui tendroient à saper directement, ou d'une manière indirecte, la première base de sa constitution et la première garantie de son existence. Le châtiment du novateur recevra l'approbation de la conscience publique, parce que la religion nationale repose toute entière sur le principe d'autorité, et que tous les cœurs sont imbus de cette doctrine éminemment salutaire et vraiment sociale. Le bon sens le plus vulgaire pourroit-il en effet murmurer une seule plainte et crier à l'oppression, parce qu'on a la sagesse de réduire au silence un insensé qui ne craint pas d'insulter à la religion de ses concitoyens ? Le pouvoir n'a-t-il pas le droit incontestable de se lever et de lui dire : garde pour toi l'erreur qui te séduit, ne viens point troubler mon empire, tais-toi promptement, ou fuis de mon territoire. Et si le malheureux refuse également de se taire et de se retirer, le gouvernement n'a-t-il pas le droit de le punir comme un rebelle, et d'effrayer par un tel exemple les insensés qui voudroient imiter un jour sa coupable et sacrilége audace ?

De telles vérités sont d'une si grande évidence, qu'il faut tout l'aveuglement d'un siècle tel que le nôtre pour oser les contredire et pour avoir la démence de les mettre en problème. Elles sont tellement innées dans le cœur de l'homme, que les partisans les plus prononcés de la tolérance philosophique leur rendent quelquefois un hommage involontaire, et qu'ils tombent, en dépit de leur système et par une frappante contradiction, dans un profond oubli de leurs dangereuses maximes. C'est ainsi que nous avons vu naguère un tribunal français s'armer pour la défense de la fameuse déclaration de 1682, et menacer d'une censure impitoyable tous ceux qui se permettroient d'en attaquer les articles fondamentaux. Je ne dirai pas que cet arrêt est en opposition manifeste avec l'esprit de tolérance universelle qu'on affecte aujourd'hui pour toutes les opinions; je ne dirai pas qu'il est absurde au-delà de tout ce qu'il est possible d'imaginer, de sévir contre les ultramontains, alors qu'il est libre à chaque Français de révoquer en doute la divinité de Jésus-Christ, et de taxer d'une horrible imposture l'auguste fondateur du Christianisme lui-même; je ne dirai pas qu'il est souverainement ridicule d'ériger en loi de l'état une déclaration dogmatique qui regarde seulement une partie de la nation, et de prétendre encore au titre de philosophe et de tolérant en proscrivant une doctrine que professe la généralité du monde chrétien. Mon seul but est de faire observer que les partisans des idées nouvelles admettent sans rougir, dans la pratique, un système que repoussent leurs funestes théories, et qu'ils auroient tort après cela de condamner les principes que je défendois tout à l'heure.

Mais s'ils sont inconséquens dans leur conduite envers les ultramontains, les catholiques ne le seront jamais en s'opposant à l'introduction de toutes les erreurs que condamne l'Eglise. La religion catholique ou la vérité suprême, car ces deux termes sont identiques, est exclusive par sa nature; elle cesseroit d'être la vérité, si toutes les autres croyances n'étoient pas entachées plus ou moins de mensonge et d'erreur; elle possède dans son Eglise une autorité souveraine chargée de défendre l'intégrité de ses dogmes et la pureté de sa morale. Or, ce tribunal, créé par Jésus-Christ lui-même, a le droit de pulvériser l'erreur, et tout gouvernement catholique, en s'identifiant avec la religion, comme tout gouvernement est tenu de le faire sous peine de mort, tient une conduite conforme à la croyance nationale, en frappant d'un juste anathème l'insensé qui se permettroit d'innover et de troubler les consciences. Mais tout gouvernement qui proclame le système d'une tolérance universelle se contredit lui-même grossièrement lorsqu'il s'arroge le droit inconstitutionnel d'intervenir en matière de religion.

Heureux mille fois le peuple catholique au sein duquel l'esprit de division ne s'est pas encore introduit! Heureux mille fois le gouvernement sage qui ne craindra pas de maintenir cette admirable unité! malheur et cent fois malheur au souverain qui laisseroit altérer ce principe d'éternelle conservation, que rien ne pourra jamais remplacer! Dans le monde moral, ainsi que dans le monde physique, la conservation dépend de l'unité; dès que cette loi physique et morale subit une légère atteinte, il y a malaise, désordre et souffrance; dès qu'elle se trouve détruite, il y a douleurs, angoisses, déchiremens, et bientôt agonie et dissolution. La religion catholique est donc de toutes les religions la plus conforme à cet esprit de vie, de force et de grandeur; s'en écarter plus ou moins, c'est donc se condamner à périr d'une manière plus ou moins prochaine ; s'y maintenir avec courage, c'est donc une preuve d'éminente sagesse et de profonde raison.

S'il est maintenant question d'un peuple où la religion catholique se trouve confondue avec d'autres croyances plus ou moins diverses, il s'agit de savoir si la première est dominante, ou si par malheur elle ne l'est pas. Dans le premier cas, la mettre sur la même ligne en fait de protection, ce seroit de la part du gouvernement un acte déplorable et que la raison ne pourroit justifier ; ce seroit dire au peuple que toutes les religions sont indifférentes, et proclamer un athéisme politique aussi déshonorant pour l'esprit humain que fatal dans ses inévitables conséquences. Dans cet état de choses, il ne convient pas sans doute de persécuter l'opinion religieuse des dissidens depuis longtemps établie et qui vivoit à l'abri des lois, il faut les tolérer sans doute, mais non pas les assimiler à la religion de l'Etat ; il faut que le peuple comprenne, par la conduite du gouvernement, que la religion catholique mérite la préférence, et que si les autres ne sont pas défendues et proscrites, c'est la charité même de cette religion qui l'ordonne, et l'exemple de Jésus-Christ qui l'autorise. Cette préférence ne doit pas offenser les dissidens, parce qu'il est dans la nature des choses que la religion de la majorité obtienne les égards du petit nombre, et qu'elle soit environnée d'une juste prééminence. Le gouvernement n'usera donc point de sa force pour contraindre les dissidens ; mais il devra mettre en usage tous les moyens de persuasion pour les conduire volontairement et sans hypocrisie à cet heureux et salutaire changement : qu'il permette à la religion catholique de suivre son esprit de prosélytisme, en réprimant néanmoins tout excès dans le zèle et tout mépris de la charité chrétienne ; et qu'il se tienne tranquille sur les résultats. L'erreur ne pourra vivre long-temps auprès de la vérité qui ne sera pas captive ; et celle-ci ne manquera pas de l'absorber plus ou moins prochainement. Cette lutte ne voudra pas sans doute un état de paix et d'unité ; mais l'issue n'en sera pas douteuse, si le pouvoir, loin d'entraver l'essor de la vérité, de cette fille du Ciel, la seconde de tous les moyens qu'il peut mettre à sa disposition, et qui ne sont ni la surprise, ni les menaces, ni la violence.

Si la religion catholique est en minorité, la conduite du pouvoir devient plus compliquée, et le retour à l'unité sera plus tardif, plus difficile et plus lent. Les rapides observations que nous avons faites, et dont le développement demanderoit sans doute un plus long espace, suffiront néanmoins pour entraîner la conviction de tous les esprits droits, et pour prouver que la religion catholique est la plus forte, la plus sociale, et par conséquent la plus conforme au maintien de tous les

gouvernemens

gouvernemens, à la paix de tous les empires, à la félicité de tous les citoyens. C'est donc une raison puissante pour tous les gouvernemens de faciliter la propagation de sa doctrine éminemment salutaire, et d'employer tous les moyens qu'approuve la charité chrétienne, afin d'anéantir insensiblement les opinions religieuses plus ou moins erronées qu'on professe dans la plupart des contrées de l'Europe.

Les souverainetés protestantes (je me sers de cette expression, parce que je m'adresse aux états républicains comme aux gouvernemens monarchiques et constitutionnels), les souverainetés protestantes en ont la plus grande facilité, puisqu'en tenant la religion catholique dans un injuste abaissement, elles violent le principe fondamental de leur croyance particulière, qui réside dans l'absolue indépendance de la raison privée, et qu'en lui permettant de lever la tête comme à toutes les sectes nées de cet esprit d'indépendance, elles ne feroient que proclamer un acte de rigoureuse justice et la fidèle application des propres maximes qu'elles ont toutes plus ou moins solennellement adoptées. Je conçois l'intolérance chez un peuple catholique, parce que la religion d'un tel peuple repose entièrement sur le principe d'autorité, et que tout catholique se place, par le fait, dans un véritable état de rébellion, s'il refuse de reconnoître ce principe exclusif par sa nature. Mais il m'est tout-à-fait impossible de m'expliquer l'intolérance dans les pays protestans, d'une manière honorable au gouvernement de ces diverses contrées. N'est-il pas ridicule de professer la doctrine du libre examen, de permettre à chaque sectaire le libre exercice de son culte particulier, et d'exclure le catholique seul d'une liberté qu'on ne conteste à personne, et qu'on ne peut contester en effet, sans imprimer le sceau de la révolte sur le coupable front des premiers réformateurs? N'est-ce pas là violer les premières notions de la justice, et faire un outrage aux règles les plus communes d'un bon raisonnement?

Les souverainetés protestantes ont donc, comme nous l'avons dit, le moyen légal de favoriser les progrès de la religion catholique qui seule est une religion forte, parce qu'elle est une, une religion éminemment sociale, parce qu'elle repose sur un principe éminemment conservateur, une religion capable d'arrêter la marche de l'esprit humain qui va s'abîmer dans un pyrrhonisme universel, parce que seule elle descend jusqu'à la racine du mal, et qu'elle tue dans son premier germe ces malheureux principes de folle indépendance et de déplorable orgueil qui tôt ou tard précipiteroient le monde au sein des plus épouvantables calamités.

On ne peut assez le dire, on ne peut assez le

répéter, tous les maux de la société présente résident dans un principe unique, dans la souveraineté de la raison privée. Toutes les erreurs qui désolent la terre et qui menacent d'ensanglanter l'avenir, viennent de cette erreur primitive et fondamentale, et n'en sont que les inévitables et rigoureuses conséquences. Tant qu'elle ne sera pas formellement répudiée par tous les gouvernemens, il n'est pour eux aucun espoir de stabilité, il n'est pour nous aucune espérance de salut, d'ordre, de paix et de bonheur. La raison privée, comme on ne peut assez le redire, pouvant tout contester et tout révoquer en doute, rien n'est à l'abri de ses attentats sacriléges. Au nom de la raison, le luthérien condamne la suprématie du Souverain Pontife ; le calviniste ose nier la présence réelle, et le socinien la divinité de Jésus-Christ. Au nom de la raison, le déiste se permet d'attaquer toutes les religions fondées sur des révélations vraies ou fausses, et ne voit dans toutes que des impostures plus ou moins grossières. Au nom de la raison, l'athée lui-même et le matérialiste ne craignent pas d'insulter au bon sens de l'univers, et se flattent d'asseoir la base des sociétés humaines sur des principes d'anarchie, de mort et de néant. C'est au nom de la raison qu'on proclame la souveraineté du peuple, et qu'on livre aux caprices d'une aveugle multitude les destinées des nations et des rois. C'est au nom de la raison que Mirabeau légitime la révolte, et que Lafayette ose l'appeler en face de l'Europe le plus saint de tous les devoirs. C'est au nom de la raison que l'infortuné Louis XVI est précipité de son trône et traîné sur l'échafaud comme le dernier de tous les scélérats. C'est au nom de la raison que l'affreux Robespierre épouvante l'humanité, et que Marat lui fait entendre ses cris d'antropophage et ses chants de cannibale. C'est au nom de la raison que le stupide Chaumette et que l'atroce Hébert ne frémissent pas de couronner le crime sous l'image d'une vile prostituée, et qu'ils traînent dans le sang, dans la boue et dans la fange la gloire d'un peuple jadis célèbre par ses mœurs douces et polies, par ses vertus généreuses et par ses nobles sentimens.

Je sais que partout et dans tous les temps il y eut des crimes sur la terre ; je le sais, et je ne m'en étonne pas, parce qu'il y aura des crimes tant qu'il y aura des passions, et qu'on verra des passions tant qu'on verra des hommes. Mais du moins autrefois l'homme coupable n'osoit pas réclamer le privilége de l'innocence, et le tribunal de l'opinion publique s'empressoit de le condamner, de le flétrir et de le proscrire. Mais du moins autrefois, tout en violant les principes de la justice, on n'osoit pas en nier la sainte origine et la divine autorité. Mais du moins autrefois le criminel trouvoit dans son cœur le premier, le plus terrible de tous ses juges, et l'arrêt des tribunaux étoit toujours ratifié par sa conscience. Mais aujourd'hui, grâce à la philosophie de la raison, on a légitimé tous les crimes et divinisé toutes les erreurs. Les notions du bien et du mal se sont tellement confondues, qu'un doute universel est venu plonger le monde dans un immense chaos. L'homme le plus coupable, grâce à de monstrueux sophismes, hésite à se condamner lui-même, et le plus atroce scélérat trouve son apologie dans les écrits d'Helvétius, de Cabanis et de Condorcet. Traîné sur les bancs de la justice humaine, qui seule a droit de l'effrayer encore, il s'accusera d'une conduite imprudente, et non pas d'une action criminelle; il se regardera comme une victime du droit de la force, et les spectateurs de son supplice le plaindront peut-être, au lieu de le condamner.

L'unique moyen, nous le répétons encore, d'arrêter les progrès de la démoralisation générale, c'est de répudier la doctrine du libre examen, et de devenir enfin catholique dans toute l'étendue de cette expression. L'unique moyen de reconstituer tous les gouvernemens de l'Europe, c'est d'asseoir leurs fondemens sur les maximes du véritable Christianisme, c'est de répudier courageusement et sans détour tous les principes de la philosophie moderne.

Mais, va-t-on s'écrier peut-être, ne seroit-il pas ridicule d'admettre en esclave une religion qu'on ne pourroit comprendre ? N'est-il pas absurde de soumettre son intelligence à la raison d'autrui, et n'est-ce pas là de toutes les servitudes la plus dure, la moins sage, et la plus humiliante ? Nous l'avons déjà dit, une telle servitude, si c'en est une, est une loi de première nécessité ; sans une loi pareille, il est impossible d'éviter l'anarchie dans les croyances, et bientôt après la discorde dans les sociétés politiques. D'ailleurs, la foi du chrétien n'est-elle pas éminemment raisonnable ? Une telle vérité demanderoit sans doute de longs développemens pour être mise dans toute son évidence, mais néanmoins deux mots vont suffire pour en convaincre tous les esprits droits et tous les cœurs honnêtes.

Le Christianisme, sans doute, renferme des mystères profonds qui révoltent notre misérable orgueil et qui passent toutes les bornes de notre foible intelligence. La plupart des incrédules, à les en croire du moins, ne seroient pas éloignés d'imiter notre exemple, et de pratiquer la sainte religion de nos pères ; mais à la vue de ces mystères que leur raison ne peut comprendre, et que cependant on est contraint d'admettre pour devenir chrétien, leur foi s'arrête épouvantée, et succombant sous l'empire de cette raison qui les éblouit, ils ne peuvent se résoudre à reconnoître le caractère de la vérité suprême dans une religion si pleine d'obscurités, et bientôt le Christianisme n'est plus à leurs yeux qu'une grande et sacrilége imposture.

Mais je le demande à ces orgueilleux insensés, quelle idée se feroient-ils d'une religion sans mystères? La religion n'est-elle pas la connoissance des divers rapports qui lient Dieu à l'homme, et l'homme à Dieu? Or, pouvons-nous humainement et par le secours des seules lumières de la raison, comprendre l'étendue de ces rapports, et n'avons-nous pas nécessairement besoin d'une révélation pour nous conduire au milieu des profondes ténèbres qui nous environnent? La nature entière n'est-elle pas inaccessible aux vaines tentatives de notre orgueil? La physique, la chimie, dont on nous vante les immenses progrès, n'offrent-elles pas à notre avide curiosité des mystères tout aussi difficiles à concevoir que ceux de la religion? Interrogeons les premiers savans de l'Europe, et qu'ils nous disent si l'univers n'est pas un océan sans fond et sans rivages, au milieu duquel s'abîme leur intelligence et se perd leur présomptueux génie?

Après soixante ans d'études, qu'avons-nous appris, si ce n'est à rougir de notre impuissance? Nous sommes sages alors, si nous avons la franchise de convenir que nous ne savons rien. Tel chimiste, tel physicien, tel astronome qui mérite à juste titre la reconnoissance et les hommages de sa patrie, gémit sans doute au fond de son cabinet à la vue d'une science qui s'étend et qui s'agrandit à mesure qu'il fait un pas sur son domaine. Il surprend, il analyse, il explique des effets; mais pour les causes premières, ce sont des mystères qu'il ne peut aborder, et devant lesquels toute sa raison se trouble et s'évanouit. L'homme même est pour l'homme un mystère qu'il n'approfondira jamais. Eh bien! cet homme qui ne peut se comprendre lui-même, cet être misérable, ce vil insecte d'un jour, ne craint pas de demander à Dieu les secrets de son éternité, et parce qu'il n'en reçoit aucune réponse, il ose en conclure, sans frémir, que la religion n'est qu'un système d'erreurs, de rêveries et de mensonges! L'incrédule s'étonne que la religion renferme de grands mystères : quant à moi je serois surpris bien davantage si le Christianisme n'en renfermoit aucun, car dans cette supposition le Christianisme seroit évidemment faux.

En effet, comment n'existeroit-il aucun mystère entre les rapports de deux êtres que sépare une distance infinie? et pour comprendre Dieu ne faudroit-il pas être Dieu soi-même? Un tel dogme nous paroît absurde; mais avons-nous les connoissances nécessaires pour asseoir un tel jugement? Combien de vérités incontestables dans les sciences humaines, qui paroissent autant d'absurdités aux yeux de l'ignorant vulgaire! Allons dire à cet obscur villageois que le soleil est stationnaire dans la voûte du firmament, que la terre roule autour de l'astre majestueux avec une étonnante rapidité, ne le verrez-vous pas sourire en vous écoutant, et n'opposera-t-il pas à votre assertion, nouvelle pour lui, le témoignage de sa vue, et ne croira-t-il pas que vous avez eu le projet de vous divertir aux dépens de sa simplicité? Combien n'avons-nous pas de mystères dans les sciences, qu'on est obligé d'admettre sans pouvoir les comprendre! Et nous aurions la témérité de mettre en doute la vérité du Christianisme, parce que tout n'est pas accessible aux lumières de notre superbe raison! Pour nier l'existence d'un tel dogme, d'un tel mystère, ne seroit-il pas indispensable d'avoir approfondi tous les secrets de la nature? Si nous avions un ou deux sens de plus seulement, que de choses nouvelles ne viendroient pas s'offrir à notre avide curiosité! Combien l'univers s'agrandiroit devant nous, quelle masse de connoissances viendroient déranger tous nos systèmes scientifiques! Que de rapports, aujourd'hui certains aux yeux des savans, se verroient tout à coup déplacés, changés, anéantis! Qu'est-ce que l'horizon de notre intelligence? Un misérable point dans l'espace, et l'immensité se trouve au-delà. Qui t'a dit, présomptueux mortel, que tes idées d'ordre, de convenance et de rapports, très-vraies dans le monde où tu vis maintenant, soient les mêmes dans le monde où tu dois aller un jour? Insecte d'un instant, atome d'une minute, comment dans ton fol orgueil oses-tu condamner une religion qu'ont professée les plus beaux génies et qu'ont défendue tant d'esprits sublimes et tant de plumes éloquentes? S'il te reste une ombre de philosophie, dis que tu ne comprends rien dans les mystères qu'annonce le Christianisme, mais ne dis pas que Jésus-Christ nous a trompés, et que l'Eglise, son interprète légitime, nous trompe encore après lui. Si tu veux combattre le Christianisme, n'attaque pas ses mystères qui s'enfoncent dans les abîmes de l'infini, et qu'une raison bornée comme la tienne est dans l'impuissance de juger. Prends une route plus sage, adopte un parti moins insensé; combats, si tu l'oses, les faits incontestables sur lesquels reposent les preuves de cette religion divine. Tâche de les ébranler, si la chose est possible; alors tu pourras peut-être vivre tranquille au sein de ton incrédulité. Mais si de tels faits sont à l'abri de tous les sophismes, si tu ne peux les nier sans mentir à ta conscience, tombe avec nous aux pieds de cette religion qui t'appelle, et confesse avec nous que la foi des chrétiens est éminemment raisonnable.

Oui, n'en doutons pas, Jésus-Christ étoit Dieu, puisqu'il a fait des œuvres divines; Jésus-Christ étoit Dieu, puisqu'il fut annoncé par des prophéties que nous avons encore, et dont la garde est confiée aux plus mortels ennemis du Christianisme. Il étoit Dieu, puisque douze pêcheurs ont converti le monde, tandis que Socrate, avec tout son génie, n'a pas eu le pouvoir d'opérer le même prodige dans une seule bourgade de l'Attique. Il étoit Dieu, puisque sa doctrine a triomphé des prisons, des tortures, des échafauds, et des passions plus terribles que tous les supplices. Il étoit Dieu, puisqu'il a fait croire sa religion pleine d'inconcevables mystères et de préceptes rigoureux, à des peuples éclairés, à des nations impies et profondément corrompues. Il étoit Dieu, puisque suivant sa promesse, l'Evangile a retenti d'un bout de l'univers à l'autre. Il étoit Dieu, puisque les Juifs, suivant ses prédictions, vivent encore dispersés, sans rois, sans patrie, en horreur à la terre entière, et marchant toujours accablés sous le poids de l'anathème qu'ils ont encouru. Qu'on pèse le Christianisme avec toutes ses preuves, qu'on en médite la sagesse et la profondeur, qu'on en sonde l'auguste simplicité, et qu'on dise après cela s'il est possible d'y méconnoître les caractères et la main d'un Dieu tout-puissant!

Or, si le Christianisme est divin, qui pourra le citer au tribunal d'une raison superbe et trompeuse ? qui refusera de croire aux mystères qu'il annonce ? qui pourra sans folie et sans blasphème récuser le témoignage d'un Dieu qui nous parle, et l'autorité suprême de l'Eglise, à laquelle il a solennellement confié le dépôt de son admirable et céleste doctrine ?

Jeunes gens de tous les pays, lisez les titres de la religion chrétienne ; n'imitez pas cette foule de malheureux citoyens plongés dans une brutale indifférence, et qui se balancent comme des enfans perdus sur les abîmes de l'éternité ; ne prêtez pas exclusivement l'oreille aux séduisantes déclamations de l'incrédulité qui nous environne. Un procès monstrueux s'instruit en ce moment sur l'existence du Christianisme ; ne le condamnez pas sur les pièces de ses adversaires, amis de la fourberie et du mensonge ; lisez aussi, je vous en conjure au nom de vos plus chers intérêts, lisez les titres que vous présentent ses innombrables et vertueux défenseurs. Si vous avez de la droiture et de la bonne foi, sa vérité frappante imprimera bientôt dans votre cœur et dans votre esprit la conviction la plus vive, la plus profonde et la plus invincible. Vous comprendrez alors, avec tant de beaux génies, combien le Christianisme est vrai, combien il est sublime, combien il est touchant. Vous reconnoîtrez alors, avec tant de grands hommes qui ont illustré la race humaine, que hors du Christianisme il n'y a point d'unité, et par conséquent point de force ; que hors de lui il n'y a plus sur la terre qu'opinions contradictoires, funestes erreurs, désordre, anarchie et confusion ; que sans lui, la civilisation de l'Europe feroit place aux ténèbres de la barbarie, et que lui seul peut ranimer aujourd'hui la société mourante.

Superbes philosophes qui ne craignez pas d'insulter aux saintes traditions de l'univers, oserez-vous nier la pureté de sa morale ? Oserez-vous contester ses immenses bienfaits, et démentir l'histoire de dix-huit siècles ? Quelle doctrine donnerez-vous à la terre, quand vous l'aurez affranchie de ses divines croyances ? Sera-ce votre ténébreux athéisme qui dégrade l'humanité, qui fait la honte de la raison, qui précipite l'homme au cercueil sans consolations et sans espérances ? Dans votre stupide et barbare orgueil, auriez-vous juré de peupler votre patrie de fripons, de scélérats et de bandits ? Si, poussés par un inconcevable délire, vous avez le malheur de croire au néant et de renoncer à votre céleste héritage, taisez-vous du moins, gardez pour vous seuls vos désolantes doctrines ; ne cherchez pas à propager la théorie du désespoir ; laissez à l'homme l'horreur de ses forfaits et l'appât de son immortalité. Bercez-vous, puisque vous en avez l'affreux courage, de vos rêves épouvantables et de vos sinistres pensées ; descendez au niveau de la brute, descendez plus bas encore, puisque c'est là votre exécrable jouissance; méprissez la raison qui vous condamne, les cris du genre humain qui vous accusent, l'indignation de la vertu qui vous contemple avec une profonde pitié; mais, au nom de l'humanité dont vous êtes l'opprobre, ne parlez plus de votre misérable philosophie ; retirez-vous de la société des hommes ; fuyez cette belle Europe qui vous désavoue et qui vous maudit. Allez, si vous voulez de la gloire, allez prêcher vos détestables maximes à des nations d'antropophages, à des peuples de cannibales ; là peut-être on pourra vous entendre : mais, au milieu de toutes les nations polies, au sein de tous les peuples généreux, vous n'avez droit qu'à l'exécration publique, et l'avenir qui vous attend n'est qu'un avenir de honte, de misère et d'infamie.

Déistes inconséquens, viendrez-vous à votre tour disputer au Christianisme la gloire d'avoir civilisé l'Europe ? Oserez-vous comparer aux saints préceptes de l'Evangile vos symboles contradictoires et vos ridicules professions de foi ? Les annales de la philosophie n'ont-elles pas attesté les prodigieux égaremens de l'esprit humain ? Si l'homme reste maître de sa croyance, il descendra bientôt de l'école de Socrate à celle d'Anaxagore, et des maximes de Zénon à celles d'Epicure. Il faut à l'homme une voix qui parle sans cesse, un oracle permanent qui lui dicte et tout ce qu'il doit croire, et tout ce qu'il doit faire ; un code de lois positives dont il ne soit pas l'interprète, et qui ne laisse aucune prise à l'orgueil d'une raison qui s'égare avec tant de facilité. Le cœur de l'homme est un abîme, sa conscience se plie à tous les argumens, et sans l'autorité d'une Eglise à laquelle il soit tenu d'obéir, il n'est pas d'erreurs qu'il ne puisse embrasser, et de crimes qu'il ne puisse commettre et légitimer ensuite. Aussi le grand S. Paul, le premier de tous les philosophes, nous apprend-il que l'homme sans guide se laisse emporter à tout vent de doctrine.

Le Christianisme seul est une religion forte, parce qu'elle est une, parce que son fondement repose sur l'autorité. Dans le véritable Christianisme, dans le Christianisme du Pape, il faut tout admettre ou tout rejeter ; s'il est permis de repousser un dogme, il est permis de les nier tous. C'est la doctrine du libre examen qui nous a perdus ; c'est elle qui a détruit successivement toutes les vérités sociales ; c'est elle qui nous a précipités dans cette coupable indifférence dont toutes les nations de l'Europe sont atteintes plus ou moins. Tout marche visiblement vers une fin prochaine, le Christianisme seul peut arrêter cette fatale impulsion : il est temps enfin de le comprendre ; encore une ou deux générations, et le salut commun devient impossible.

Grands de la terre ! ministres ! potentats !

hâtez-vous de fermer l'abîme ; relevez le sanctuaire de toutes parts avili ; fuyez cette malheureuse foiblesse que l'adresse d'un parti a décorée du beau nom de sagesse et de modération ; ne comptez jamais sur la conversion des révolutionnaires ; soyez unis dans l'intérêt général, méprisez leurs superbes menaces et leurs caresses perfides ; soyez forts, je le répète, soyez forts, et vous les verrez pâlir. Donnez surtout, donnez, aux générations naissantes une éducation solide si vous ne voulez pas qu'elles réalisent d'effroyables complots.

Jeunes lévites ! vétérans du sacerdoce ! fonctionnaires publics ! vertueux citoyens de toutes les classes et de tous les pays ! vous tous qui chérissez votre patrie ! vous tous amis de l'humanité ! réunissons nos généreux efforts ; rappelons parmi nous la sainte Religion de nos pères ; croisons-nous, et combattons jusqu'au dernier soupir pour le triomphe de la vérité. Si la religion ne périt pas en Europe, la révolution pourra nous vaincre, sans doute, mais son empire ne sera pas d'une longue durée, et le Christianisme sauvera le monde une seconde fois.

FIN.

www.ingramcontent.com/pod-product-compliance
Ingram Content Group UK Ltd.
Pitfield, Milton Keynes, MK11 3LW, UK
UKHW020445200726
13857UKWH00002B/578

9 782012 461871